和谐校园文化建设读本

中外教育家故事集锦

万 鑫 宋颖军/编写

吉林出版集团股份有限公司

吉林教育出版社

图书在版编目（CIP）数据

中外教育家故事集锦／万鑫，宋颖军编写. —长春：
吉林教育出版社，2012.6（2022.10 重印）
（和谐校园文化建设读本）
ISBN 978 – 7 – 5383 – 8954 – 8

Ⅰ.①中… Ⅱ.①万… ②宋… Ⅲ.①教育家—生平
事迹—世界—青年读物②教育家—生平事迹—世界—少年
读物 Ⅳ.①K815.46 – 49

中国版本图书馆 CIP 数据核字 (2012) 第 116051号

中外教育家故事集锦
ZHONGWAI JIAOYUJIA GUSHI JIJIN

万　鑫　宋颖军　编写

策划编辑　刘　军　　潘宏竹
责任编辑　张　瑜　　　　　　　　　　　装帧设计　王洪义

出版　吉林出版集团股份有限公司（长春市福祉大路5788号　邮编 130118）
　　　吉林教育出版社（长春市同志街1991 号　邮编　130021）
发行　吉林教育出版社
印刷　北京一鑫印务有限责任公司

开本　710毫米×1000毫米　1/16　印张　11　字数　140千字
版次　2012 年 6 月第1 版　印次　2022 年10月第2 次印刷
书号　ISBN 978 – 7 – 5383 – 8954 – 8
定价　39.80 元

编　委　会

主　　编：王世斌

执行主编：王保华

编委会成员：尹英俊　尹曾花　付晓霞
　　　　　　刘　军　刘桂琴　刘　静
　　　　　　张　瑜　庞　博　姜　磊
　　　　　　潘宏竹
　　　　　　（按姓氏笔画排序）

总序

千秋基业，教育为本；源浚流畅，本固枝荣。

什么是校园文化？所谓"文化"是人类所创造的精神财富的总和，如文学、艺术、教育、科学等。而"校园文化"是人类所创造的一切精神财富在校园中的集中体现。"和谐校园文化建设"，贵在和谐，重在建设。

建设和谐的校园文化，就是要改变僵化死板的教学模式，要引导学生走出教室，走进自然，了解社会，感悟人生，逐步读懂人生、自然、社会这三本大书。

深化教育改革，加快教育发展，构建和谐校园文化，"路漫漫其修远兮"，奋斗正未有穷期。和谐校园文化建设的研究课题重大，意义重要，内涵丰富，是教育工作的一个永恒主题。和谐校园文化建设的实施方向正确，重点突出，是教育思想的根本转变和教育运行机制的全面更新。

我们出版的这套《和谐校园文化建设读本》，既有理论上的阐释，又有实践中的总结；既有学科领域的有益探索，又有教学管理方面的经验提炼；既有声情并茂的童年感悟；又有惟妙惟肖的机智幽默；既有古代哲人的至理名言，又有现代大师的谆谆教诲；既有自然科学各个领域的有趣知识；又有社会科学各个方面的启迪与感悟。笔触所及，涵盖了家庭教育、学校教育和社会教育的各个侧面以及教育教学工作的各个环节，全书立意深邃，观念新异，内容翔实，切合实际。

我们深信：广大中小学师生经过不平凡的奋斗历程，必将沐浴着时代的春风，吸吮着改革的甘露，认真地总结过去，正确地审视现在，科学地规划未来，以崭新的姿态向和谐校园文化建设的更高目标迈进。

让和谐校园文化之花灿然怒放！

本书编委会

目 录

孔 子

名人简介

孔子（前 551 年－前 479），名丘，字仲尼，汉族，鲁国陬邑（今中国山东省曲阜市尼山镇）人，祖上为宋国（今河南商丘）贵族。中国春秋末期的思想家和教育家，儒家思想的创始人。孔子集华夏上古文化之大成，在世时已被誉为"天纵之圣"和"天之木铎"，是当时社会上最博学者之一，并且被后世统治者尊为孔圣人、至圣、至圣先师、万世师表。孔子和儒家思想对中国和朝鲜半岛、日本、越南等地区有深远的影响，这些地区又被称为儒家文化圈。

孔子行礼

传说，孔子年少而好礼，有一年的秋天，乌云滚滚，寒风嗖嗖，落叶从树上纷纷飘下来，随风翻飞。这时，年少的孔丘正聚精会神地在窗下读书，由于天气太冷，他又穿着单薄的衣服，所以他不时地搓着手。坐在一旁的母亲心疼地说："孩子，歇一会儿吧！""好啊！"孔子答应着站起身，拿起放在桌旁的俎豆（当时行礼用的器具），不声不响地出了屋门。母亲忙说："孩子，外面风大，天又这么冷，眼看就要下雨了，你不要到院子里去玩了。"孔丘一脸正色地回答："不是啊，母亲，我这是在祭祀神灵，行大礼呢!""你行大礼干什么呢?"母亲问他。"如果我现在不学好礼仪,长大就不知道怎么做人了。"母亲听了孔丘的话,惊讶得说不出话来。在一个礼崩乐坏的年代,孔丘的举止确实是不同凡响的。

评赎奴隶

当时在春秋时代,鲁国有个规定,凡是在国外旅行时,看到有鲁国人在外国被卖为奴隶的,可以花钱把他赎出来,回到鲁国后,到国库去报账,国库照付。孔子有一个学生,真的在国外看到有鲁国人被卖为奴隶了,就把他赎出来。赎出来以后,他没到国库去报账,别人都说这个人品格高尚。孔子知道后,大骂这个学生,说这个学生做错了。别人觉得奇怪:这个学生做好事,他赎了人,又不去报账,不是品格高尚吗?孔子说不能这样看问题,他这个做法,实际上妨碍了更多的做奴隶的鲁国人被赎出来。这个人回来后没有去报账,将来别人看见做奴隶的鲁国人,本想赎他出来,但又想,我赎了以后,如果去报账,别人就要议论:以前某某人不报账,你去报账,你的品格不如他。这样,这个人就可能装作没看见,不去赎人了。所以,这个做法就妨碍了更多的鲁国奴隶被人赎买出来,是有害的。

孔子之道

孔子周游列国14年,终究没有任何一位国君能够完全接受并推行王道仁政,孔子及其弟子还多次受困。孔子看到弟子们心中有忧愁疑虑,便叫来弟子询问。

子路前来,孔子问道:"《诗经》中说:'既非犀牛亦非虎,遵道而行在旷野。'我所倡行的道莫非错了吗?我们为什么会有这样的处境呢?"

子路说:"想必是我们的仁德还不够吧?所以人们还不信任我们。想必是我们的智慧还不够吧?所以人们不去推行我们倡行的道。"

孔子说:"真的是这样吗?仲由啊,如果说仁德的人就一定会被人们信任,怎么还会有伯夷、叔齐那样的饿死在首阳山上的事呢？如果说有智慧了就一定能畅行无阻,怎么会有王子比干被剖心的事呢？"

子路出去了,子贡进来见孔子。

孔子问道:"端木赐啊,《诗经》中说:'既非犀牛亦非虎,遵道而行在旷野。'我所倡行的道莫非错了吗？我们为什么会有这样的处境呢？"

子贡说:"夫子之道达到了最高、最理想的境界,所以天下没有地方能容纳夫子。夫子是不是应该稍微降低一点标准呢？"

孔子说:"端木赐啊,好农夫能够种庄稼却不能说必然能得到收获,好工匠能够心灵手巧却不一定满足所有人的喜好。君子能够修养正道,可以提出纲领而且有条不紊,可以统筹安排一切而且可以治理好天下,却不能说必然能让天下采纳施行。如今你不修你的正道却去考虑怎样被天下所采纳,赐啊,你的志向不够远大呀。"

子贡出去了,颜子进来见孔子。

孔子问道:"颜回呀,《诗经》中说:'既非犀牛亦非虎,遵道而行在旷野。'我所倡行的道莫非错了吗？我们为什么会有这样的处境呢？"

颜子说:"夫子之道达到了最高、最理想的境界,所以天下没有地方能容纳夫子。虽然如此,夫子尽心尽力去推行,不被天下人所采纳,对夫子之道有何伤害呢？正因为不被天下所采纳而仍然坚守正道不动摇,这才显示出君子的修养吧。不修养正道,是我们的耻辱;我们修养正道了,却不被天下所应用,那是掌管国家之人的耻辱。正因为不被天下所采纳而仍然坚守正道不动摇,这才显示出君子的修养啊。"

孔子高兴地笑着说:"颜氏之子竟然有这样的见识,太好了！假如你财富多了,我就去给你做管理者。"

困境也是一种幸运

孔子周游列国期间,在陈蔡两地之间没有了粮食,弟子们都面有饥色,孔子却在两根柱子中间唱歌。

子路来见孔子,说:"夫子现在还唱歌,难道这是礼的要求吗?"

孔子没有回答他,直到一曲结束才说:"仲由啊,在这种情况下,君子喜欢音乐是为了使自己没有骄纵之心,小人喜欢音乐是为了使自己不害怕,这个道理有谁知道? 你是在不了解我的情况下跟随着我的吗?"

子路听了孔子的说法,仍然想不通,还是不能心悦诚服,孔子给他一个盾牌让他跳舞,这样跳了三遍,然后才出去了。

就这样过了七天,孔子仍然不停地修订音乐。子路心中气不平,对孔子说:"现在这种情况下,是先生修订音乐的时候吗?"

孔子还是没有回答他,直到一首乐曲修订完毕才说道:"仲由,当初齐桓公有了争霸之心,是在他出奔到莒国的时候;勾践产生争霸之心,是在吴王夫差把他囚禁在会稽的时候;晋文公重耳产生争霸之心,是在他父亲的爱妃骊氏迫害他的时候。所以说,没有经历忧患与挫折,就不会思考得久远;身体没有受到节制,就不会智慧深广。怎么能说我们现在所遇到的困境不正好是我们的幸运呢?"

于是子路以及众弟子都振奋起了精神,第二天就解除了困境。

子贡牵着缰绳对大家说:"我们跟随夫子遇到这样的磨难和屈辱,大概会终生难忘了吧?"

孔子说:"不,怎么能这么说呢?《国语》之中不是说过'三折肱而成良医'这样的话吗? 胳膊断了三次之后,也能成为治疗断胳膊的好医生啊。被困在陈蔡之间,是我的幸运;你们跟随着我的,都应该算是幸运的人啊。"

子贡问:"请夫子再说一说其中的道理,好吗?"

孔子语重心长地说:"我听人说过,国君不遇到困境难以成为王,壮士不遇到困境难以组织好军队。比如说，当初商汤在吕那个地方遭遇到困境，周文王被商纣王关押在羑里城，秦穆公曾经兵败被困在崤山，齐桓公被困在长勺，勾践曾经被困在会稽，晋文公曾经被困于骊氏。困境所含的道理，就好比是从严寒到温暖、从温暖到严寒，经过严寒之后，温暖的春天就会到来，同时，温暖的春天过去之后，炎热的夏天以及萧瑟的秋天、寒冷的冬天就在后面了。这些只有贤德的人能够了解，却难以对众人说清楚啊。"

子贡问："为什么对众人说不清楚呢？"

孔子说："《易经》之中说过：'困卦，顺利但要稳定而且符合正道，对于有道德修养和担当大任的人来说是吉祥，没有什么灾难。但是，在此情况下，虽然说出话来，人们却不一定会相信。'圣人之言，比起一般的高瞻远瞩的人，比一般具有远见卓识的人，所见识的更高更远，一般人只看到眼前，对自己没有见到的就不相信，所以，跟众人说了，他们也很可能不相信。"

三骂子路

（一）

子路是孔子三千弟子中的优秀人才，其为人武勇过人，信义双全，是不可多得的大将之才，后在卫国授了官职。且说子路为人极有情义，不忘旧交，眼见得自己的同门兄弟，有的饥寒而死，有的困苦不堪，不由得动了侠义之心，想帮同学一把。于是私下里动用权力人情，让同学子羔做了费县的县长。

此事在现在看来十分正常，无论中外，哪个党派执政不是先提拔自己的同党亲朋的。可是这事在孔子看来，问题十分严重。因为首先须"为政以德"，百姓才能受益。否则出去做个"聚敛之臣"，岂不是助纣为虐。孔子周游列国,对此有十分深切的体会!"苛政猛于虎",是孔子的沉痛之言。

孔子有一个才德优秀的弟子冉求,被鲁国的权臣季氏请去做了宰相。结果也不能够劝服季氏"为政以德",反帮着做出增收苛捐杂税的事来。气得孔子发动学生"鸣鼓而攻之"。而子羔的才德又远逊冉求,所以孔子是不赞同子羔出去为官的。弄不好不但害民,也会害了自己。

所以孔子骂子路道:"你这小子,真是害人!"子路也心知自己错了,但嘴上还是强辩:"有人民可以领导,有社稷可以管理,何必读书,再求学问。"孔子一听,更加生气,骂道:"真是狡辩,实在可恶!"

孔子之仁,由此可见一斑。当然,子路说得也是千古人情的大实话,无论中外,读书求学,有几人不是为了升官发财。从前是"学成文武艺,货与帝王家",现在是"学成文武艺,货与资本家"。

(二)

话说孔子带领弟子周游列国,欲行那为政以德的仁道,但在遭受了无数的颠沛磨难之后,结果还是"道不同,不相为谋"而不能够实行。众弟子大为孔子不平,私下里商议说:"天下者,非一人之天下,乃天下人之天下!唯有德者居之。以夫子之德,足可以领导天下,为民造福。弟兄们!昏君无道,我们替天行道,取而代之了吧!"众皆赞同。

再有对子贡说:"不知夫子是否想做卫国的君王?"子贡说:"好!我去问一下。"子贡走进孔子房内,问孔子:"先生!伯夷、叔齐是什么样的人呢?"孔子说:"是古代的贤人啊!"子贡说:"他们互相推辞王位,后来有怨吗?"孔子说:"修养的最高境界是仁,他们所求的是仁,既已求仁得仁,还有什么可怨的!"

子贡告辞而出,对大家说:"夫子是不会赞同我们篡位的。"子路心有不甘地对子贡说："你这样转弯抹角去问，怎么知道夫子的心思？还是我去问。"

子路找了个机会对孔子说："先生！如果卫国的君王让您来做，您认为应将什么放在最先？"

孔子说："必须先正名啊！"

子路说："没听说过有这样的道理，夫子太迂了！人家的君王还都不是抢来的，有什么名好正的！"

孔子一听气骂道："子路你真够野的！君子对于自己所不知的，应该存而不论，而不应该乱说。你可知道：名不正，则言不顺；言不顺，则事不成；事不成，则礼乐不兴；礼乐不兴，则刑罚不中；刑罚不中，则百姓无所适从，就会造成动乱。所以君子的言行必须名符其实，才能够实行。君子对于自己的言行，是不能够苟且的。"

孔子语重心长地对学生们说："一个人不担忧没有地位，而担忧用怎样的方法去确立；不担忧别人不知道自己，而追求可以被人所理解的道德。"

孔子真是仁者！真是智者！目睹动荡的世界局势，何其原因？诚如孔子所言！一个权位，你抢来，我抢去，名既不正，言也不顺，上行下效，尔虞我诈，你抢我盗一团糟。

（三）

话说孔子多年奔波于列国之间，风餐露宿，颠沛辛苦，加上年岁已高，一日他又病倒了。众弟子复私下商议："夫子一心欲行王道，可现在是霸道的天下，各国的诸侯尽皆昏庸，夫子劝之既不从，取而代之又不可。不如帮夫子自立一国，如此既不犯篡位之过，又不兴杀伐之害，也可成就夫子礼乐之治的愿望。且有我等助理，何愁不能够使百姓安居乐业！"众皆赞同。

于是，众弟子便由子路带头"组建新党"成功，只等孔子病好出来宣布

"独立"了。且说孔子病情日渐好转,一日起床出来。不曾想,众弟子一见孔子,竟行起那君臣大礼来了。这岂不与那季氏"八佾舞于庭"一样了吗!孔子一问知是子路玩的把戏,不由得当众指责道:"子路久有此用世之心了,可这不是正道,是欺诈啊!无臣而为有臣,我欺谁!欺天吗!我与其欺世盗名风光而死,宁可死守善道贫寒而终。且我纵不得大葬,我会死在路上吗?"

"不义而富且贵,于我如浮云!"孔子的修养真是了不起!

现在世界上流行的闹剧,其实子路早就玩过,孔子早就对此看破了。

两小儿辩日

有一次,孔子到齐国去,路上看见两个小孩正在辩论问题。

孔子看了,觉得挺有趣,就对跟在身后的学生子路说:"咱们过去听听孩子们在辩论什么,好不好?"

子路撇了撇嘴说:"两个黄毛小子能说出什么正经话来?"

"掌握知识可不分年龄大小。有时候,小孩子讲出的道理,比那些愚蠢自负的成年人要强得多呢!"

子路一下子红了脸,不敢再说什么。

孔子走上前去和蔼地说:"我叫孔丘,看见你们争辩得这么热烈,也想参加进来,你们看可不可以呀?"

"噢,原来你就是那个孔夫子呀,听说你很有学问。好吧,就请你来给我们评一评,看谁说得对!"两个孩

子说。

孔子笑着说：“别急，一个一个地讲。”

一个孩子说：“我们在争论太阳什么时候离我们最近。我说早上近，他说中午近。你说说是谁对呢？”

孔子认真地想了一会儿说：“这个问题我过去没有考虑过，不敢随便乱讲，还是先请你们把各自的理由讲一讲吧。”

一个孩子抢着说：“你看，早上的太阳又大又圆，可到了中午，太阳就变小了。谁都知道：近的东西大，远的东西小。”

另一个孩子接着说：“他说得不对，早上的太阳凉飕飕的，一点也不热，可中午的太阳却像开水一样烫人，这不就说明中午的太阳近吗？”

说完，两个孩子一起看着孔子，说：“你来评评谁对吧。”这下可把孔子难住了，他反复想了半天，还是觉得两个孩子各自都有道理，实在分不清谁对谁错。

于是，他老老实实地承认：“这个问题我回答不了，以后我向更有学问的人请教一下，再来回答你们吧。”

两个孩子听后哈哈大笑：“人家都说孔夫子是个圣人，原来你也有回答不了的问题呀！”说完就转身跑了。

子路很不服气地说：“您真应该随便讲点什么，就能把他们镇住。”

孔子说：“不，如果不是老老实实承认自己不懂，怎么能听到这番有趣的道理。在学习上，我们知道的就说知道，不知道的就说不知道。只有抱着这种诚实的态度，才能学到真正的知识。”

孔子被尊为圣人，除了因为他拥有博大的学问之外，和他严格要求自己，奉行诚实的原则也是分不开的。“知之为知之，不知为不知”，诚实地面对自己，以诚实的态度去面对别人，正是儒家思想精髓的一个方面。

孟 子

名人简介

孟子(前 372—前 289),名轲,字子舆(待考,一说字子车或子居)。战国时期邹国人,鲁国庆父后裔。中国古代著名思想家、教育家,战国时期儒家代表人物。著有《孟子》一书。孟子继承并发扬了孔子的思想,成为仅次于孔子的一代儒家宗师,有"亚圣"之称,与孔子合称为"孔孟"。

孟母三迁

孟子小的时候,父亲早早地死去了,母亲守节没有改嫁。一开始,他们住在墓地旁边。孟子就和邻居的小孩一起学着大人跪拜、哭嚎的样子,玩起办理丧事的游戏。孟子的妈妈看到了,就皱起眉头:"不行! 我不能让我的孩子住在这里了!"孟子的妈妈就带着孟子搬到市集,靠近杀猪宰羊的地方去住。到了市集,孟子又和邻居的小孩,学起商人做生意和屠宰猪羊的事。孟子的妈妈知道了,又皱皱眉头:"这个地方也不适合我的孩子居住!"于是,他们又搬家了。这一次,他们搬到了学校附近。每月夏历初一这个时候,官员到文庙,行礼跪拜,互相礼貌相待,孟子见了一一都学习记住。孟子的妈妈很满意地点着头说:"这才是我儿子应该住的地方呀!"后来,大家就用"孟母三迁"来表示人应该要接近好的人才能学习到好的习惯! 也说明环境能改变一个人的爱好和习惯。

孟子受教

孟子的妻子独自一人在屋里,蹲在地上。孟子进屋看见妻子这个样子,就向母亲说:"这个妇人不讲礼仪,请准许我把她休了。"孟母说:"什么原因?"孟子说:"她蹲在地上。"孟母问:"你怎么知道的?"孟子曰:"我亲眼看见的。"孟母说:"这是你不讲礼仪,不是妇人不讲礼仪。《礼经》上不是这样说吗,将要进门的时候,必须先问屋里谁在里面;将要进入厅堂的时候,必须先高声传扬,让里面的人知道;将进屋的时候,必须眼往下看。《礼经》这样讲,为的是不让人措手不及,无所防备。而今你到妻子闲居休息的地方去,进屋没有声响人家不知道,因而让你看到了她蹲在地上的样子。这是你不讲礼仪,而不是你的妻子不讲礼仪。"孟子听了孟母的教导后,认识到自己错了,再也不敢讲休妻的事了。

孟母断线教子

孟母断线教子

有一天,孟子从老师子思那里逃学回家,孟母正在织布,看见孟子逃学,非常生气,拿起一把刀,就把织布机上的布匹割断了。孟子看了很惶恐,跪在地上请问原因。孟母责备他说:"你读书就像我织布一样。织布要一线一线地连成一寸,再连成一尺,再连成一丈、一匹,织完后才是有用的东西。学问也必须靠日积月累,不分昼夜勤求而来。你如果偷懒,不好好读书,半途而废,就像这段被割断的布匹一样,变成了没有用的东西。"孟子听了母亲的教诲,深感惭愧。

从此以后,孟子专心读书,发愤用功,身体力行实践圣人的教诲,终于成为一代大儒,被后人称为"亚圣"。

始作俑者

战国时,有一次孟子和梁惠王谈论治国之道。孟子问梁惠王:"用木棍打死人和用刀子杀死人,有什么不同吗?"

梁惠王回答说:"没有什么不同的。"

孟子又问:"用刀子杀死人和用政治害死人有什么不同?"

梁惠王说:"也没有什么不同。"

孟子接着说:"现在大王的厨房里有的是肥肉,马厩里有的是壮马,可老百姓面有饥色,野外躺着饿死的人。这是当权者在带领着野兽来吃人啊!大王想想,野兽相食,尚且使人厌恶,那么当权者带着野兽来吃人,怎么能当好老百姓的父母官呢?孔子曾经说过,首先开始用俑(古时陪同死人下葬的木偶或土偶)的人,他是断子绝孙、没有后代的吧!您看,用人形的土偶来殉葬尚且不可,又怎么可以让老百姓活活地饿死呢?"

根据孔子"始作俑者,其无后乎"这句话,后人将"始作俑者"引为成语,比喻第一个做某项坏事的人或某种恶劣风气的创始人。

五十步笑百步

战国时代,诸侯王国都采取合纵连横之计,远交近攻。

战争连年不断,可苦了各国的老百姓。孟子看了,决定周游列国,去劝说那些好战的君主。孟子来到梁国,去见了好战的梁惠王。梁惠王对孟子说:"我费心尽力治国,又爱护百姓,却不见百姓增多,这是什么原因呢?"

孟子回答说:"让我拿打仗作个比喻吧!双方军队在战场上相遇,免不了要进行一场厮杀。厮杀结果,打败的一方免不了会丢盔弃甲,飞奔逃命。假如一个兵士跑得慢,只跑了五十步,却去嘲笑跑了一百步的兵士是'贪生怕死'。"

孟子讲完故事,问梁惠王:"这对不对?"梁惠王立即说:"当然不对!"孟子说:"你虽然爱百姓,可你喜欢打仗,百姓就要遭殃。这与五十步同样道理。"

成语比喻那些以小败嘲笑大败的人。又以"五十步笑百步"来比喻程度不同,但本质相同的做法。

一曝十寒

战国时代,百家争鸣,游说之风,十分盛行。一般游说之士,不但有高深的学问、丰富的知识，尤其是以深刻生动的比喻，来讽劝执政者，最为凸出。孟子也是当时的一位著名辩士，在"孟子"的"告子"上篇中有这样一段记载：

孟子对齐王的昏庸，做事没有坚持性、轻信奸佞谗言很不满，便不客气地对他说："王也太不明智了，天下虽有生命力很强的生物，可是你把它在阳光下晒了一天，却放在阴寒的地方冻了它十天，它哪里还活得成呢！我跟王在一起的时间是很短的，王即使有了一点从善的决心，可是我一离开你，那些奸臣又来哄骗你，你又会听信他们的话，叫我怎么办呢？"接着，他便打了一个生动的比喻："下棋看起来是件小事，但假使你不专心致志，也同样学不好，下不赢，弈秋是全国最善下棋的能手，他教了两个徒弟，其中一个专心致志，处处听弈秋的指导；另一个却老是盼着有大天鹅飞来，准备用箭射鹅。两个徒弟是一个师傅教的，一起学的，然而后者的成绩却差得很远。这不是他们的智力有什么区别，而是专心的程度不一样啊！"这是一个很有教学意义的故事，我们要学习一样东西、做好一件事情，是非专心致志、下苦功夫不可的。若是今天做一些，把它丢下了，隔几天再去做，那么事情怎样做得好呢？求学、做事能否成功，这也是决定因素之一，因此后来的人便将孟子所说的"一日曝之，十日寒之"精简成"一曝十寒"，用来比喻修学、做事没有恒心。例如一位同学，对于求学很是随便，学习的时间少，荒废的时间多，我们便说：他这种一曝十寒的做法，哪里能学到什么东西呢？

缘木求鱼

有一次，孟子得知齐宣王想要发兵征讨周围的邻国，扩大他的疆土，便去求见齐宣王，问道："大王，听说你要兴兵，有这件事吗？""有这件事情。这是为了完成我多年来的一个追求。""大王，您说这是一种追求，这又是什么呢？"齐宣王就笑而不答。

孟子说:"让我来猜一猜吧。可是还真不好猜。您哪,是一国之君。您想吃什么,不管是山珍海味,要什么就有什么;您现在有穿不尽的衣服,绫罗绸缎,您需要什么都会有臣子送到跟前;您的宫廷里有很多专业的舞女,有专职的乐师乐队,不管想看想听怎样的舞乐,也都能享受到。恐怕饮食、衣服、舞蹈、音乐,都不是您的追求吧?""先生说的对。我的追求呢,是扩大我的疆土。"

孟子说:"您想扩大您的领地,占取别国的疆土吗?如果您追求的是这的话,那不应当兴兵作战,应当施行仁政。您施行仁政,老百姓都感激您,您的国力强盛,疆土自然就会扩大;反过来,如果您用武力去征服,我觉得犹如缘木而求鱼,是找不到的。""会这样吗?""对啊,缘木而求鱼,爬到树上找鱼,充其量只是找不着而已,没有鱼您下来就得了。这比您出兵征讨别的国家恐怕还要好一些。别的国家,像秦国、楚国,都是强国,您非要出兵把人家征服了,这后果是很难预料的,或许会比缘木而求鱼还要糟糕呢!"

墨 子

名人简介

墨子(约前468－前376)，名翟，春秋末战国初期宋国(今河南商丘)人，一说鲁国(今山东滕州)人，是战国时期著名的思想家、教育家、科学家、军事家、社会活动家，墨家学派的创始人，墨子创立墨家学说，并有《墨子》一书传世。

染丝的道理

墨翟很小的时候就接受了儒家的教育，老师教他六艺：礼、乐、射、御、书、数，而墨翟对后四项尤其感兴趣。因为这几项能够促进人的动手能力。墨翟的老师也很着重培养墨翟这方面的能力，他经常带墨翟去参观工匠们的作坊。有一次他带墨翟去了染布坊，他让墨翟观察布匹是怎样染成的。墨翟对工匠们的劳作很感兴趣，当他看得聚精会神时，他的老师说："看到了吧，这些丝绢本来都是雪白雪白的，把它们放进黑色的染料中，就变成了黑的；把它们放在了黄色的染料中，就变成了黄色的。"墨翟说："丝会跟着染料的颜色来变化，是这样的吗？"老师说："是啊，做人的道理和染丝一模一样，所不同的是，丝是被人放进染料的，如何做人则完全是自己作出的选择。"墨翟明白了老师的意思，就更加严格要求自己了。后来成为思想家收了门徒后，他也经常用这个例子来教导自己的学生。

怒耕柱子

墨子对他的门生耕柱子感到生气,耕柱子说:"我没有比别人好的地方吗?"墨子问:"假如我要上太行山去,用一匹良马或一头牛来驾车,你将鞭策哪一匹?"耕柱子答道:"那我当然用良马了。"墨子问:"为什么要驱策良马,而不驱策牛呢?"耕柱子说:"因为良马值得鞭策。"墨子说:"我也认为你值得批评,所以批评你。"耕柱子恍然大悟。

行不在服

公孟子戴着礼帽,腰间插着笏板,穿着儒者的衣服,来会见墨子,说:"君子是先穿戴一定的服饰,然后有一定的作为,还是有一定的作为,再穿戴一定的服饰呢?"墨子说:"有作为并不在于服饰。"公孟子问:"凭什么知道是这样呢?"墨子回答说:"从前齐桓公头上戴着高冠,系着大带子,配着金剑木盾,治理国家,国家的政治得到了治理;从前晋文公穿着粗布衣服,披着母羊皮的大衣,皮带上配着剑,治理国家,国家的政治得到治理;从前楚庄王戴着鲜艳的头冠,系着丝带,治理他的国家,国家得到了治理;从前越王勾践剪断头发,用针在身上文了花纹,来治理他的国家,国家得到了治理。这四位国君,他们的服饰不同,但作为是一样的,我由此知道有作为不在服饰。"公孟子说:"说得好! 我听人讲过:'赞赏好的主张而不尽快实行,是不吉祥的。'让我舍弃笏板,换了礼帽再来见你可以吗?"墨子说:"希望就这样见你,如果一定要舍弃笏板,换了礼帽然后再见面,那么是有作为真在服饰了。"

"班门弄斧"的墨子

在战国初年的时候,楚惠王重用了一个当时最有本领的工匠。他是鲁国人,名叫公输盘,也就是后来人们尊称的鲁班,公输盘使用斧子是最灵巧的了,谁要想跟他比一比使用斧子的本领,那就是不自量力。所以,后来才有一个成语,叫作"班门弄斧"。

公输盘被楚惠王请了去,当了楚国的大夫,他替楚惠王设计了一种攻城的工具,看起来简直是高得可以碰到云端似的,所以叫作云梯。

楚国制造云梯的消息一传扬出去,列国诸侯都有点担心。特别是宋国,听到楚国要来进攻,更加觉得大祸临头。

墨子反对那种为了争城夺地而使百姓遭到灾难的混战。这回他听到楚国要利用云梯去侵略宋国,就急急忙忙地亲自跑到楚国去,跑得脚底起了泡,出了血,他就把自己的衣服撕下一块裹着脚走。

这样奔走了十天十夜,墨子终于到了楚国的都城郢都。他先去见公输盘,劝他不要帮助楚惠王攻打宋国。

公输盘说:"不行呀,我已经答应楚惠王了。"

墨子就要求公输盘带他去见楚惠王,公输盘答应了。在楚惠王面前,墨子很诚恳地说:"楚国土地很大,方圆五千里,地大物博;宋国土地不过五百里,而且土地并不好,物产也不丰富。大王为什么有了华贵的车马,还要去偷人家的破车呢?为什么要扔了自己的绣花绸袍,去偷人家一件旧短褂子呢?"

楚惠王虽然觉得墨子说得有道理,但是仍然不肯放弃攻打宋国的打算,况且,公输盘也认为用云梯攻城很有把握。

墨子直截了当地说:"你能攻,我能守,你也占不了便宜。"

话说完,墨子就解下了身上系着的皮带,在地下围着当作城墙,再拿几块小木板当作攻城的工具,叫公输盘来演习一下,比一比本领。

公输盘采用一种方法攻城,墨子就用一种方法守城。一个用云梯攻城，一个就用火烧云梯守城；一个用木车撞城门，一个就用滚石砸木车；一个用地道，一个用烟熏。

墨子面见楚惠王

公输般用了九套攻法，把攻城的方法都使完了，可是墨子还有好些守城的高招没有使出来。这样，一场战争就被墨子阻止了。

荀 况

名人简介

荀子（约前 313－公元前 238），名况，字卿，汉族，因避西汉宣帝刘询讳，因"荀"与"孙"二字古音相通，故又称孙卿，周朝战国末期赵国人。著名思想家、文学家、政治家，儒家代表人物之一，时人尊称"荀卿"。曾三次出任齐国稷下学宫的祭酒，后为楚兰陵（今山东兰陵）令。荀子对儒家思想有所发展，提倡性恶论，常被与孟子的性善论比较。对重整儒家典籍也有相当的贡献。

荀况与《荀子》

荀子从小就非常聪明，10 岁已有神童美誉，学问很好。长大后曾北游燕国，但是很可惜，没被燕王赏识。后来，由于齐襄王招纳贤士，许多学者都前往齐国讲学，加上齐国以藏书丰富出名，所以荀子也被吸引前往齐国。

荀子在齐国待了几年，很受齐王尊敬，被封为"列大夫"，当了齐国的顾问。因为他年纪比较大，学问又好，因此曾三度被众人推选为"祭酒"。有些气量狭小的人不免眼红，到处说荀子的坏话。齐王听信谗言后，渐渐和荀子疏远。荀子决定离开齐国。这时，他已年世颇高，不知往哪儿去，心情万分沉重。听说楚春申君爱好贤士，决定到楚国去。春申君仰慕荀子美名,决定请他担任"兰陵令"。

没想到运气坏得很,春申君有位门客进谗言,春申君考虑之下,终于辞退荀子。他经过秦国,拜见了秦昭王。此时秦昭王正和范雎设计"远交近攻"的阴谋攻伐天下,对荀子讲的大道理提不起一点儿兴趣,荀子只好回到赵国。

春申君赶走了荀子又后悔了,派人到赵国三请四请荀子,并且再三赔不是,最后拗不过春申君的好意,荀子又回到楚国当兰陵令。后来春申君死了,荀子也年近百岁,就辞了官,写了32篇文章,这就是传留后世的儒家名著——《荀子》。

荀子认为:一个人眼睛贪图美色,耳朵喜欢好听的音乐,舌头爱好美味。想吃、想玩、好逸恶劳,这都是人的天性,所以人才有七情六欲。这些天赋自然的本能并不是不好,可是如果依人天性顺其发展,必然会引起争夺暴虐,这个世界便成为自私恐怖的世界了。

荀子认为:礼是社会上自然形成的公共法则,每个人都得遵守,不能选择,不许怀疑。在他担任兰陵令时,李斯、韩非都曾拜在门下,并把荀子学说发扬光大,成为法家思想。

董仲舒

名人简介

董仲舒(前179－前104),汉代思想家、哲学家、政治家、教育家。汉族,汉广川郡(今河北省景县)人。汉武帝元光元年(前134)任江都易王刘非国相10年;元朔四年(前125),任胶西王刘端国相,4年后辞职回家。此后,居家著书,朝廷每有大议,令使者及廷尉就其家而问之,仍受武帝尊重。董仲舒以《公羊春秋》为依据,将周代以来的宗教天道观和阴阳、五行学说结合起来,吸收法家、道家、阴阳家思想,建立了一个新的思想体系,成为汉代的官方统治哲学,对当时社会所提出的一系列哲学、政治、社会、历史问题,给予了较为系统的回答。

三年不窥园

有一句五个字的成语,叫"三年不窥园",你知道是什么意思吗? 这个成语,讲的就是汉代思想家、哲学家和教育家董仲舒小时候的故事。

董仲舒自幼就异常勤奋,不仅读起书来经常废寝忘食,而且从来舍不得休息。他的父亲董太公看了十分心疼,就决定在后宅修筑一个花园,以便让董仲舒读书读累了的时候到花园里歇息散心。

第一年,董太公派人去南方学习考察了花园的建筑艺术之后,就一边准备砖瓦木料,一边破土动工,很快就粗具规模。花园里阳光明媚,绿草如茵,鸟语花香,蜂飞蝶舞。姐姐多次邀请董仲舒去园里游玩,但他手捧竹简,只是摇头,继续看书,学习孔子的《春秋》,背先生布置的《诗经》。

董仲舒专心致志地看书

第二年,小花园建起了假山。邻居、亲戚的孩子纷纷爬到假山上玩,小伙伴们叫他,他低着头动也不动,在竹简上刻写诗文,头都顾不上抬一抬。

第三年,后花园建成了。亲戚朋友携儿带女前来观看,都夸董家花园建得精致。父母叫董仲舒去玩,他只是点点头,仍埋头学习。中秋节晚上,董仲舒全家在花园中边吃月饼边赏月,可就是不见董仲舒的踪影。原来,董仲舒趁家人赏月之机,又找先生研讨诗文去了。

随着年龄的增长,董仲舒的求知欲越来越强烈,遍读了儒家、道家、阴阳家、法家等各家书籍,终于成为令人敬仰的儒学大师。

引经断案

汉武帝有一次在京城召集贤士能人商讨国家大事,董仲舒也到京城参加了这次活动。他从容对答皇帝的提问,得到了汉武帝的赞许。

董仲舒的思想学说主要受孔子的影响。他特别推崇孔子,认为他的德治、仁政、重视伦理教育的儒家思想应当大大提倡,而其他的学术思想则应当统统排斥,不能让它们齐头并进。董仲舒的这个"罢黜百家,独尊儒术"的建议,不仅被汉武帝所采纳,而且得到充分肯定,积极推行,并成为了我国封建社会的正统思想。

由于董仲舒推崇孔子,因此把孔子所修订的鲁国的编年史《春秋》看成是治理国家、管理人民的理论依据,因此,他在朝廷做官时,凡是遇到政治、法律等一切疑难问题,大多从《春秋》中寻求答案。

据载当时有个年轻的女子,她的丈夫出远门,在乘船渡海时,不幸掉进海里淹死了,尸首无法找到。过了一段时间,这女子的父母为她另找了一门亲事,并把她嫁了出去。依当时汉朝的法律规定,丈夫没有落葬前,妻子是不能改嫁的。官府根据这条法律,把那个女子抓了起来,并判了她的死罪。

董仲舒知道了这件事后,认为判刑不当。他引用《春秋》中的一个条例,大意是丈夫死了后没有男人就可以再嫁。而且那年轻女子并不是德行不好,去和其他男子私奔,而是顺从父母的意思改嫁给别人,并没有违反《春秋》中的原则,因此不能判罪。

还有一桩案子:父子俩与别人发生争执,并打了起来。对方拔出佩刀要刺杀父亲,儿子见了,立即拿起棍棒冲上去援救。不料在混乱中棍子居然击中了自己的父亲，使父亲受了伤。根据汉朝法律规定，儿子打伤父亲，是不孝罪，要判重刑。

董仲舒知道后，讲了《春秋》中的一则案例：春秋时有个叫许止的，很孝顺父亲，见父亲病了，连忙去买药，煎好后端给父亲喝，不料父亲因吃错了药而不治身亡。由于许止没有杀父的动机，因此没有论罪。

董仲舒认为，这两个案子情况相仿，这个儿子是在混乱中误伤了父亲，他没有打伤父亲的动机，所以应该免除他的罪，不予处罚。

由此可见，董仲舒在审案断案方面，是完全依照《春秋》的"微言大义"来行事的，他提倡礼治，认为用道德的感化作用比用刑的惩罚作用更能服人心。用刑法治百姓，百姓们因为害怕惩罚而不敢犯罪，但内心的根子没有去除；用礼治百姓，百姓们觉得犯罪可耻，从心底明白不能去犯罪。

董仲舒的这种思想对于统治者有利，因此得到汉武帝的支持。当他晚年退休后，朝廷如遇到一些重大的问题，仍然会派最高司法官到他的住处去探讨处理的办法。

韩 愈

名人简介

韩愈（768－824），字退之，汉族，唐河内河阳（今河南省孟州市）人。自谓郡望昌黎，世称韩昌黎。唐代古文运动的倡导者，宋代苏轼称他"文起八代之衰"，明人推他为唐宋八大家之首，与柳宗元并称"韩柳"，有"文章巨公"和"百代文宗"之名，著有《韩昌黎集》40卷，《外集》10卷，《师说》等等。

名字的来历

韩文公名愈字退之，说起这名和字，倒有一段佳话：韩愈父母早亡，从小就由哥嫂抚养。转眼到了入学的年龄，嫂嫂郑氏一心想给弟弟起个又美又雅的学名，这天，郑氏翻开书，左挑一个字嫌不好，右拣一个字嫌太俗，挑来拣去，过了半个时辰，还没有给弟弟选定一个合意的学名。韩愈站在一旁观看，见嫂嫂为他起名作难，便问："嫂嫂，你要给我起个什么名呢？"郑氏道：你大哥名会，二弟名介，会、介都是人字作头，象征他们都要做人群之首，会乃聚集，介乃耿直，其含义都很不错，三弟的学名，也须找个人字作头，含义更要讲究的才好。韩愈听后，立即说道："嫂嫂，你不必再翻字书了，这人字作头的'愈'字最佳了，我就叫韩愈好了。"郑氏一听，忙将字书合上，问弟弟道："愈字有何佳意？"韩愈道："愈，超越也。我长大以后，一定要做一番大事，前超古人，后无来者，决不当平庸之辈。"嫂嫂听后,拍手叫绝:"好! 好! 你真会起名,好一个'愈'字哟!"

韩愈怎么会给自己起出一个这样又美又雅的名呢? 原来他自幼聪慧,饱读经书,从 3 岁起就开始识文,每日可记数千言,不到 7 岁,就读完了诸子之著。那超凡的天赋和文化素养,使他早早就抱定了远大志向,这个"愈"字,正是他少年胸怀的表露,19 岁时,已经是一位才华横溢的少年。

时逢皇科开选,郑氏为他打点行装,送他进京去应试。到京城后,他自恃才高,以为入场便可得中,从未把同伴放在眼里。结果别人考中了,他却名落孙山。后来,他在京中一连住了几年,连续考了几次,最后才算中了进士。之后,一连经过 3 次殿试,也没得到一官半职。

由于银钱早已花尽,他由京都移居洛阳去找友人求助。在洛阳,友人穿针引线,他与才貌双全的卢氏小姐订了婚。卢小姐的父亲是河南府法曹参军,甚有尊望,韩愈就住在他家,准备择定吉日与卢小姐结婚。卢小姐天性活泼,为人坦率,一方面敬慕韩郎的才华,一方面又对韩郎那自傲之情有所担忧。她曾多次思忖,要使郎君日后有所作为,现在就应当规劝他一下,可是如何规劝他呢? 这天晚饭后,花前月下,二人闲聊诗文。畅谈中,韩愈提起这几年在求官途中的失意之事,卢小姐和颜悦色地说道:"相公不必再为此事叹忧,科场失意乃常有之事。家父对我总是夸你学识渊博,为人诚挚。我想你将来一定会有作为的,只是这科场屡挫,必有自己的不足之处,眼下当找出这个缘由才是。"韩愈听后,频频点头,心中暗道:卢小姐果有见地,接着说道:"小姐讲的甚是有理,俗话说自己瞧不见自己脸上的黑,请小姐赐教。"卢小姐一听,"噗"地笑出声来,说道:"你真是个聪明人啊!"随即展纸挥笔,写道:人求言实,火求心虚,欲成大器,必先退之。韩愈捧赠言,一阵沉思:此乃小姐肺腑之语啊! 自古道骄兵必败,自己身上缺少的正是谦虚之情,这个"愈"字便是证据。于是,他立即选用卢小姐赠言中的最后两个字：退之，给自己起了个新名字。

巧解难题

韩愈很小的时候就表现出了他的聪明才智。

在家乡读书时，有一次，老师给学生出了一道难题：让学生们想一个办法，用不多的钱买一件东西，就能把书房装满。

韩愈巧解难题

为此，学生们冥思苦想，想出了很多的办法。第二天，有的学生买了稻草，有的买了树苗……而聪明的韩愈只买了一支蜡烛。同学们看见韩愈只拿着一支小小的蜡烛进了书房，脸上都现出了疑问的表情，一支蜡烛怎么能把书房装满呢？正在大家百思不得其解时，韩愈却拿出了蜡烛把它点着，顿时，整个书房都在烛光的照耀下，变得通亮。此时此刻，同学们才恍然大悟，站在一旁的老师也露出了满意的微笑。

韩文公祭鳄鱼

潮州的韩江，从前有很多鳄鱼，会吃过江的人，害得百姓好苦，人们叫它作"恶溪"。

一天,又有一个百姓被鳄鱼吃掉了。韩愈知道后很着急,心想鳄害不除后患无穷,便命令宰猪杀羊,决定到城北江边设坛祭鳄。

韩愈在渡口旁边的一个土墩上,摆了祭品,点上香烛,对着大江严厉地宣布道:"鳄鱼!鳄鱼!韩某到这里来做刺史,为的是保土庇民,你们却在此祸害百姓。如今姑念你们无知,不加惩处,只限你们在三天之内,带同族类出海,三天不走就五天走,五天不走就七天走。七天不走,便要严处!"

从此,江里再也没有看见鳄鱼,所有的鳄鱼都出海到南洋去了。

现在,人们把韩愈祭鳄鱼的地方叫作"韩埔",渡口叫"韩渡",又叫"鳄渡",还把大江叫作"韩江",江对面的山叫作"韩山"。

程 颐

名人简介

程颐(1033－1107)，北宋理学家，教育家，汉族，北宋洛阳伊川（今河南省）人，人称伊川先生。与其胞兄共创"洛学"，不但学术思想相同，而且教育思想基本一致，合称"二程"。

丁郎鸟与丁郎蛋

程颐的哥哥程颢小时候读书很用功，把孔子、孟子的《诗经》《尚书》《中庸》《大学》《论语》等都背得烂熟，还研究天文、地理、世俗、人情等方面的书籍。他一进学馆，拿到一本好书，就像着了魔一样，几天都不出学馆门。而程颐却和他相反，总认为读书没啥意思，经常逃学，到山上、河边玩耍，对读书一点儿也不感兴趣。

有一天，程颐又溜出学门，爬上一棵树去摸鸟蛋。真奇怪，受到惊吓而飞出的两只大鸟，羽毛虽然很艳丽，叫声却如狗叫一样。程颐看到鸟窝里有几个四四方方的鸟蛋，心里感到纳闷，这是什么呢？他顺手抓了几个就跑回学馆，打算难难他的哥哥。他一见程颢，就连忙拿出鸟蛋问："哥，你看这是什么东西？"程颢知道他出去玩了，早就想教育他，就反问："你说这叫什么？"程颐说："不知道。"程颢接着说："这就叫丁郎蛋。"弟弟眨了眨眼问："你怎么知道？"程颢回答："丁郎，丁郎，下蛋四方，叫声如狗咬,窝是灵芝草,栖在檀香树。你看这窝是宝,树也是宝,你只抓了几个不值钱的蛋回来,这有什么用处?"弟弟听了睁大眼睛,惊疑地问:"哥,你整天坐在屋里读书,怎么知道得那么清楚?"程颢说:"古人云:'秀才不出门,能知天下事。'关于这丁郎蛋,书里写得清清楚楚。你不读书,成天只知道玩,所以你就不懂。"程颐听了哥哥的话,羞得满面通红,低下了头,惭愧地说:"哥,从今以后我和你一起读书,再也不贪玩了。"

程颐为哥哥的博学而吃惊

从此以后,程颐发愤读书,终于成了一位有名的教育家、哲学家和思想家,受到后人的尊敬。

程门立雪

"程门立雪"的故事是说,在一个大雪之日,杨时等人去拜见老师程颐。程颐正在"假睡",他们就在门外站了半天。门外已经雪深一尺,他们成了雪人也没有离开。这样,一些人一方面对杨时等人尊师求教的精神觉得实在可贵；另一方面，则对程颐老先生有些意见。天那么冷，雪那么大，学生在门外侍立那么久，就是不让进门，程颐未免架子太大，做得过分了。

据史料记载，事实并非这样。有关"程门立雪"的最早史料，主要有两个。一个是《二程语录·侯子雅言》："游、杨初见伊川，伊川瞑目而坐，二人侍立，既觉，顾谓曰：'贤辈尚在此乎？日既晚，且休矣。'及出门，门外之雪深一尺"。一个是《宋史》中的《杨时传》：杨时和游酢"一日见颐，颐偶瞑坐，时与游酢侍立不去，颐既觉，则门外雪深一尺矣"。《侯子雅言》的作者侯仲良，是程颐的内弟，应该是更清楚、更明确。但是，不论从哪一段史料看，说的都是杨时和游酢去拜见他们的老师程颐时，程颐正在闭目养神，他们就在老师身旁等候。等程颐瞑坐后睁开眼睛，天色已晚，程颐就让他们明天再来。这时，门外下的雪已经有一尺深了。

为什么要瞑坐？理学家提倡要静坐，甚至要求他们的学生"半日读书、半日静坐"，把瞑目静坐当成一种克己自省、修身养性的重要方法。这就是我们常说的"闭门思过"。就是学生来访，也不肯中断自己的功夫。在今天的人们看来，这样做可能难以理解。但是，说程颐一直让来访的学生站在冰天雪地的门外，这是不符合实际的。何况，当时的杨时已经40多岁，不但学术上有一定成就，而且有相当的政治地位，程颐的家人是不会让他站在门外等候的。

尽管如此，后人仍用"程门立雪"这个典故，来赞扬那些求学师门，诚心专志，尊师重道的学子。

王安石

名人简介

　　王安石（1021－1086），字介甫，号半山，谥文，封荆国公，世人又称王荆公。北宋抚州临川（今江西省）人，中国历史上杰出的政治家、思想家、文学家、改革家，唐宋八大家之一，北宋丞相、新党领袖。欧阳修称赞王安石："翰林风月三千首，吏部文章二百年。老去自怜心尚在，后来谁与子争先。"有《王临川集》《临川集拾遗》等存世。其亦擅长诗词，流传最著名的莫过于《泊船瓜洲》里的"春风又绿江南岸，明月何时照我还"。

寻求生花笔

　　江西抚州的王安石少有大志，曾挑着书箱行李，从家乡临川，来到宜黄鹿岗书院求学。在名师杜子野先生指导下，他勤奋苦读，每至深夜。

　　一日，王安石翻阅王仁裕《开元天宝遗事》，得知李白梦见自己所用的笔头上长了一朵美丽的花，因此，才思横溢，后来名闻天下。于是他拿着书问杜子野先生："先生，人世间难道真会有生花笔吗？"

　　杜子野正色道："当然有啊！事实上有的笔头会长花，有的笔头不会长，只是我们的肉眼难以分辨罢了。"

　　王安石见杜子野先生如此认真，便道："那么先生能给我一支生花笔吗?"

于是,杜子野拿来一大捆毛笔,对王安石说:"这里999支毛笔,其中有一支是生花笔,究竟是哪一支,连我也辨不清楚,还是你自己寻找吧。"

王安石躬身俯首道:"学生眼浅,请先生指教。"

杜子野摸着胡须,沉思片刻,严肃地说:"你只有用每支笔去写文章,写秃一支再换一支,如此一直写下去,定能从中寻得生花笔。除此,没有别的办法了。"

从此,王安石按照杜子野先生的教导,每日苦读诗书,勤练文章,足足写秃了500支毛笔。可是这些笔写出来的文章仍然一般,也就是说还没有从中找到"生花笔"。他有些泄气,于是又去问杜子野先生:"先生,我怎么还没有找到那支生花的笔呢?"

杜子野没有说什么,饱蘸墨汁,挥笔写了"锲而不舍"4个大字送给他。

又过了好久,王安石把先生送给他的998支毛笔都写秃了,仅剩一支。一天深夜,他提起第999支毛笔,突然文思潮涌,行笔如云,一篇颇有见地的《策论》一挥而就。他高兴得直跳了起来,大声喊:"找到了,我找到了生花笔了!"

从此,王安石用这支"生花笔"学习写字,接着乡试、会试连连及第。以后又用这支笔写了许多改革时弊、安邦治国的好文章,被后人称为"唐宋八大家之一"。

智胜厨师

王安石小的时候,住在临川城内,离他家不远的街口有一家面馆。王安石每天上学都要从这家面馆门前经过,并经常在这里吃早点,久而久之,和面馆的老板伙计都相识了。

有一天,王安石又到这家面馆吃面。进门后,拣了个座位坐下,老板、伙计有心考考他,故意不给他端面。王安石等了好久,看见后进门的人都吃上了面，便问跑堂的伙计："师傅，我的面做好了吗？"伙计答道："就来。"不大一会儿，只见跑堂的伙计手中拿着一双筷子交给王安石道："伢仔，你的那碗面做好了，大师傅说要自己去端。"王安石也不计较，径直来到厨房，只见灶墩上放着一碗热气腾腾的肉丝面，滚烫的面汤快要溢流碗外，大师傅笑眯眯地对王安石说："伢仔，这碗面是我特意为你做的，味道格外好，肉也特别多，你若能把它端到堂前去，不泼了一滴汤，算你白吃，不要钱。"王安石问："此话当真？"大师傅说："偌大的一个面馆，还出不起一碗面吗？"好一个王安石，主意还真不少，只见他用筷子轻轻地往碗里一伸，把面条挑了起来，碗内自然只剩半碗汤了。就这样，王安石左手端起汤碗，右手拿着筷子挑起面，顺顺当当地把一碗满满的热面条端到店堂前，便津津有味地吃了起来。面馆里的人都翘起大拇指称赞道："王安石真神童啊！"

"害"爹挨雨淋

王安石从小聪明伶俐，邻居们都夸他心眼多，脑瓜灵。他爹听了，自然喜上眉梢，甜在心里。

有一年秋天，正下着毛毛细雨，他爹穿着单衣，坐在屋里，于是把王安石叫到跟前说："安石啊，大家都说你聪明，我不信。如果我坐在屋里，你能叫得我站到院子里去挨雨淋，才算你真聪明。"王安石知道父亲在考自己，就笑着说："爹，落雨天当然是坐在屋里，我怎么能叫你站到院子里去淋雨呢？"他爹说："那你不算聪明。"王安石接着说："爹，你要是站到院子里，我就能把你请到屋里来，你信不信？"他爹连声说着"不信"，就走到院子里去了。

王安石在屋里来回走着，就是不喊爹进屋来，让他爹挨雨淋。他爹等了好久好久，实在不耐烦了，催问他为什么还不开始？王安石说："爹，这不是'叫你站到院子里挨雨淋'了吗？"他爹这才恍然大悟，笑着说："还真有两下子。"王安石说："爹，快回屋里来，要不淋雨受凉会生病的。"他爹立即回来了,王安石又说:"爹,又'把你请到屋里来'了吧。"说完,两人都哈哈大笑。

瑶田对诗

相传王安石小时候就有远大的抱负和惊人的才华。

一年夏天,天气炎热。教书先生给学生们出了几道题后,自己就坐在书案前闭目养神,随后呼呼大睡起来。学生们做完功课,见先生还在睡觉,便悄悄溜出学堂,到野外玩耍去了。

瑶田村头有口水塘,名叫瑶池,塘水又清又凉。孩子们在王安石的带领下跑到塘里洗澡。小家伙一个个脱得精光,"扑通扑通"跳进了水里,顿时水花四溅,笑语欢腾,好不快活。

老先生一觉醒来,看看天,星星都出来了,学堂里空空如也。他知道睡过了时辰。便缓步拂袖,走出学堂门。一阵清风送来孩子们的笑闹声,老先生不禁皱起了眉头。他循声走去,上了一个土坡,只见孩子们正欢快地打着水仗,映在水里的星星一闪一闪,摇曳不定,老先生气得胡子直抖。

第二天上课时,老先生出了一个对子要大家对,对不好的学生要受罚。这个对子的上联是:"弟子贪玩荒学业"。

王安石站起来对下联:"先生爱睡误弟子"。

老先生一愣,又出了一个对子:"夜闹瑶池,搅动满天星斗"。暗示他知道学生们下塘洗澡的事了,并对王安石怒视道,"王安石,你对!"

王安石想了一下,从容对答:"晨破书海,重整万里江山"。

"对得好!"老先生大喜,心里一高兴,对学生的诳师之罪也没有再加追究。

抬高米价度荒年

北宋庆历七年(1047),杭州一带阴雨绵绵,到了八九月份收割庄稼的季节,田地里颗粒无收。米价一天一个价,到了10月,米价已从原来的每石400文猛涨到每石1500文了。为了阻止米价节节上涨,大宋朝廷连连下发官文,要求每石米的价格控制在 500 文左右,违者就地斩首示众。

杭州时任知府吕向高为了落实朝廷政策,限制杭州府下属各县市面上的米粮涨价,特派几名心腹到各县巡查。心腹们先后回来禀报说:"大人,惨不忍睹啊,街头到处都是饿死的灾民,请您快想办法啊,快向朝廷求援吧……"

自从规定大米不准涨价后,杭州府的米商都不愿意把米拿出来卖,导致市面上无米可供,饥民纷纷外迁,杭州街头到处是饿殍。吕向高已向朝廷求援 3 次,可朝廷来信说陕甘一带连年大旱,朝廷国库空虚,无力顾及江南一带的灾情,让他们自己想办法。

吕向高无奈地叹了口气,这时他派往鄞县(今宁波市)的心腹也回来了。这个心腹一回来就跪倒在地,大呼道:"大人,鄞县出大事了。"

在吕向高的催促下,这名心腹从腰间掏出一张盖着鄞县印鉴的告示,说鄞县县令王安石违抗圣旨,不但置朝廷每石米 500 文之规定于不顾,而且还公开发布告示允许大米涨价,鄞县的大米每石已涨到 3000 文了。

作为县令,王安石不仅不抑制米价上涨,而且还推波助澜,致使米价涨了 6 倍,这是杀头之罪啊。吕向高看完告示后,惊讶不已。他心想,这王安石仗着祖上世代为官,肚子里有些墨水,在江南有些名望,竟敢无视朝廷圣命,得找他算账去。

第二天一大早,吕向高就带着师爷和一帮心腹,兴师动众地来到鄞县。王安石早已领着手下在城门口等候他了。

吕向高一见到王安石,就怒骂道:"王安石,你可知罪?大灾之年,违抗圣命,不积极抑制米价,我要亲自送你面君。"说罢便招手示意手下将王安石绑了。

这时,只见王安石的师爷来到他身边,在其耳边悄悄耳语,一旁的吕向高见状,朝那师爷大喊道:"你家大人已经快成朝廷的死囚了,有什么事不敢大声说出来让我听?"

那师爷吓得跪倒在地,王安石说道:"你就照实说吧。"

师爷点了点头,对吕向高说:"吕大人,是这么回事,自从我家大人发出布告允许大米涨价后,各地米商纷纷涌进鄞县,他们为了感谢我家老爷,不断给我家老爷送银两。前几天,一个外地米商没有给我家老爷送银两,老爷就派我跟那米商索要,这不,那米商拿着银两来了。"

师爷的一番话,更让吕向高气得吹胡子瞪眼睛,心想这王安石的胆子也太大了,大灾之年不仅不为朝廷着想,还擅自抬高米价,收贿索贿,发国难财,这样的人砍头100次都不够。

吕向高咆哮道:"将那米商带来。"不一会儿,一个肥胖的米商被推到吕向高面前跪下,他吓得哆嗦着身体道:"大人,草民有罪,但这不全是草民的错。鄞县发布公告说这里允许大米涨价,我作为商人当然想卖高价,就跑来了。至于给那位大人送礼,本不是我的意愿,是那位大人派人来索要,我才不得不……"

"滚!滚!"吕向高不等那米商把话说完,就把他骂走了。随即,吕向高问鄞县师爷:"你们一共收了米商多少贿赂,可有账目?"

师爷答道:"回老爷,全部有账。"

吕向高下令将王安石和他的师爷押回鄞县县衙,准备审理后上报朝廷处决。

城门离县衙有一段路程,当吕向高带领一队人马路过一个集市时,那里人头攒动,闹市不远处还传来唱戏的声音和阵阵掌声。大灾之年,杭州其他县城都饿殍满街,一遍凄凉,可鄞县不仅集市繁华,还有唱戏的。吕向高满腹疑惑地来到那唱戏处,戏台前看戏的老百姓见有官府人马到来,正要散去,吕向高大喊道:"各位父老乡亲,我乃杭州知府吕向高,来本地视察灾情,大家不必惊慌。"

吕向高在讲话时,老百姓已看到他们的县令王安石被捆绑押解,纷纷围拢过来,下跪求情说:"大人,为何捆绑王县令,他可是好官啊。"

吕向高把王安石擅自抬高米价、收受贿赂的事情讲了一遍，突然一位老妇人来到吕向高面前大声说："你说得不对，敢问大人，这大灾之年，咱杭州府哪个县不是街市萧条？你再看咱鄞县，米粮充足，街市繁华，没有一个人饿死。这是谁的功劳？是王县令的！请问大人，我们王县令何罪之有？"老妇人的话引来一片掌声。

　　吕向高无言以对，这老妇人说得没错，鄞县确实没有一点受灾的迹象。他沉默片刻后对围观群众说道："我会好好调查，给大家一个交代。请放心，朝廷不会冤枉一个好官，也决不放过一个贪官。"

　　来到鄞县县衙，吕向高公开审理王安石。公堂上，吕向高问王安石为何置朝廷圣命于不顾，抬高米价。

　　王安石神情严肃地说："大人，如果执行朝廷规定的米价政策，鄞县跟其他县一样会饿死很多人。不放开米价，哪个米商愿意出售大米？"

　　"这样高的米价，老百姓买得起吗？"

　　"大人有所不知，江南历来富庶，不仅鱼米丰饶，商业也十分发达，普通人家几十年下来，都小有积蓄。乍遇荒年，人们需要的只是粮食，米价虽高，俭省一点，也能坚持一年半载。那些家庭贫苦，无力买粮的人家，我会发给他们银两救助。"王安石边说边叫师爷将救助名册拿来呈递给吕向高。

　　救助花名册上，不仅详细记录了受助人的名字、住址、家庭人口，而且还有受助人按的红手印。吕向高翻看完毕后，语气有所缓解，问道："救助的钱来自哪里？"

　　"大人有所不知，那些米商发财后，个个欢呼雀跃，纷纷给我王安石送来金银。如果我拒收，他们一定会诚惶诚恐，我就收下他们奉送的银两，登记造册后又发给那些无力买粮的穷人。"王安石叫师爷将那份收受米商银两的花名册拿来。吕向高将两个花名册进行比对，一收一支，分毫不差。

吕向高这才发现王安石的高明处,大灾之年他将鄞县治理得这么好,实在不简单。他不仅没有治王安石的罪,反而将鄞县的做法上报朝廷,请求朝廷嘉奖王安石。他甚至还向王安石请教下一步应对杭州府灾情的办法。

王安石建议杭州府境内都将米价彻底放开,说一开始米价会节节攀升,但不出 3 个月,米价就会回落到 1500 文左右一石。吕向高根据王安石的意思,通令江南各地放开粮价,米价一下子冲涨至每石 3500 文。全国各地的米商得知消息后,都源源不断地把米贩到江南来。江南市面上大米充足,出现供大于求的局面,不到 3 个月,米价果然又回落到 1500 文一石了。

江南民众终于渡过了难关,杭州府却又面临了新的问题,陕甘一带因大旱缺少米粮,朝廷下令要求各地支援。

王安石又给吕向高出主意,让他即刻发布公告,以每石 1000 文的价格收购大米。

大米 1000 文一石,米商们肯卖吗?吕向高半信半疑,王安石却胸有成竹地说:"大人有所不知,前阵子这里的米价飞涨,全国各地的商人都把米贩到我们江南来了,赚足了腰包,眼下米粮越积越多,再过几个月江南新米就上市了,那些商人不好再把米粮运回去,只能降价销售,否则就会赔本。我算了一下,1000 文一石,米商已经保本了。"

吕向高采纳了王安石的建议,以 1000 文一石收购了大量米粮,运往陕甘一带,受到朝廷嘉奖。王安石也因此名声大振,后来成了北宋的一代名相。

朱 熹

名人简介

朱熹（1130—1200）字元晦，一字仲晦，号晦庵、晦翁、考亭先生、云谷老人、逆翁。汉族，南宋江南东路徽州府婺源县（今江西省婺源）人。19岁进士及第，曾任荆湖南路安抚使，仕至宝文阁待制。为政期间，申敕令，惩奸吏，治绩显赫。南宋著名的理学家、思想家、哲学家、教育家、诗人、闽学派的代表人物，世称朱子，是继孔子、孟子以来最杰出的弘扬儒学的大师。

孩儿问天父惊奇

南宋年间，金兵南侵，社会动荡，而尤溪县城却还宁静。寄居在水南的朱松虽然待次在家，没有俸禄，但招收一些学童当起了教书先生，生活总算有了着落，没有太多的烦心事。最令他得意的是看着小朱熹一天天地长大，而且邻里乡亲都夸他聪明伶俐。朱松心想，小朱熹已经4岁了，为父的应该给他传授些什么学问呢？

转眼间到了八月十五中秋佳节，小朱熹高兴极了，早就听父母说过中秋赏月了。朱松和朱夫人也乐了，心想，教育孩子的机会来了，可借中秋赏月给孩子传授一些天象常识。

夜幕渐渐降临了，朱松夫妇按照尤溪的习俗，早早准备好中秋赏月的月饼、茶水、花生。而小朱熹呢，更是高兴得活蹦乱跳，他换上干净的衣服,搬着小凳子坐在家门口等待月亮出来。

这时,小朱熹独自仰望着天空,以天真欢快地数着满天繁星,在茫茫的夜空,颗颗星星像金色的小花朵从天使的手指间洒出来,宛如宝石似的镶嵌在天空,闪烁着,跳动着,发出晶莹的光。不一会儿,远处的山峦红光越来越红,半边灼灼的天像是着了火似的。小朱熹兴奋地从小凳子上跳起来,一边大声嚷道:"爹,娘!月亮出来了,月亮出来了!"一边兴冲冲地跑进屋里,拉着父母的手往外跑,高兴地用小小的手指去:"看,月亮出来了,是我第一个看到的!"

朱松夫妇看着孩子天真无邪和得意忘形的神情,也乐开了怀,朱夫人亲了亲小朱熹红扑扑的小脸蛋,朱松用双手把他高高举起,随后异口同声地说:"乖孩子,是你第一个看到的!"朱松夫妇朝那遥远的天边望去,只见一轮明月慢慢地升起来了,越来越大,也越来越明朗。不一会儿,就高高地站在山巅了,圆圆的,饱满的,像一面白玉的镜子,俯窥芸芸众生。

这时,朱夫人摆开了月饼和香茶。此时此景,朱松想起了唐代诗人李贺《梦天》中的诗句:"遥望九州九点烟,一泓海水杯中泻"。他一边品尝着茗茶,一边向小朱熹讲述嫦娥奔月的故事,说月亮上有蟾蜍,是嫦娥变的,还有玉兔一年到头都在捣药。朱松指着天对他说:"那是天,天上白天有太阳,晚上有月亮和星星。"而小朱熹呢,他在父亲身边偎依着,时而昂着头,两眼直望着天空,好奇地微微笑着;时而用期待的眼神望着父亲和母亲,看得出他的脑海里实在充满了各种新奇的幻想。于是朱松又接着说:"天上还有云朵,还有雷雨,闪电……"小朱熹越听越爱听,一点睡意也没有,一边拉着父亲的手,一边双眼仰望天空,问:"天之上何物?"他仿佛要用目光把深邃的天空望穿,恨不得变成一只雄鹰展翅飞向太空遨游一番。

这时,朱松却无言以对,他没想到平时沉默寡言的小朱熹,今晚却突然对"天之上何物"如此感兴趣,这使得朱松惊讶不已。但如何给孩子一个满意的回答?朱松正在苦苦思索时,忽然又听到小朱熹自言自语地说道:"太阳为何那么热?月亮为何那么凉?太阳,月亮之上又是何物?"连续追问之后,又凝视着月华。朱夫人见他看得如此认真,便问他又在看何物,小朱熹天真地答道:"孩儿要看看爹说的月亮上的玉兔和青蛙!"朱松深深地被孩子勤学好问的精神所感动。随后朱松在《中秋赏月》诗中写道:"……停杯玩飞辙,河汉静不湍。痴儿亦不眠,苦觅蛙兔看。"

幼有所思,长有所为。小时候的朱熹对天文现象非常注意观测,长大成人后,提出了许多闪光的天文思想。近代人公认,他的宇宙生化论,大大超前于西方的古典星云说。朱熹的格物穷理精神已经同西方的近代实证科学精神取得了一种历史的沟通。难怪英国著名科学家李约瑟以诗意的热情赞扬了朱熹。他在《中国科学技术史》一书中写道:"也许,这种最现代的欧洲自然科学的理论基础,受到庄周、周敦颐和朱熹这些人物的恩惠,比世界上现在已经认识到的要多得多。"这似乎是对朱熹幼年表现的一种最好的诠释。

朱熹与五夫莲子的故事

朱熹的父亲去世很早,少年的朱熹牢记严父遗训,发愤苦读,从不懈怠。

当时,他和母亲生活的地方叫五夫里。这里依山傍水,碧水青山。同时,这个地方还以盛产建莲闻名。每逢炎夏,方圆十几里的莲田,便散发阵阵清香,亭亭玉立的莲花争相怒放,红白相间,十分动人。少年朱熹喜欢夹着书本走在林荫道旁,背诵诗文。

有一年的夏天酷热难当,朱熹像往常一样在林荫道旁读书。朱夫人在百忙之中煮了碗莲子汤,远远地叫着他的小名找了过来。朱熹慌忙放下手中的书,接过莲子汤,又端到母亲面前,愧疚地说:"母亲,您每天操劳到晚,还是您先喝吧!"

母亲给朱熹送来莲子汤

　　望着这聪明懂事的孩子,母亲感慨万分。想到孩子在五夫里刘、胡二位先生的教诲下,学业大进,便对朱熹说道:"孩儿,莲乃花之君子,它的浑身都是宝。建莲是朝廷贡品,一直供皇上享用,百姓也可自种自享。这样看来,君王庶民均为一体,孔孟之道存于其中。莲藕是人们喜爱的佳肴,还可制成藕粉。荷叶味苦,但清热解暑,同时还可供观赏。此中的用处,你应该都知道。做人也该如此,要做有用的人,像莲花一样做个正人君子。"朱熹接过母亲手上这碗蕴含着做人道理的莲子汤,细细品味着、思索着。

　　朱夫人慈祥地看着儿子,心中百感交集地说:"莲子,心是苦的。可抽掉莲子心,它却甘美无比,甘味隽永无穷啊!"朱熹品尝着莲子汤,也细细品味母亲这番意味深长的话语。他沉思良久,终于悟出此中之意:莲子,即"怜子"也。慈母怜子的心是苦的,然而等到日后学有所成时,那慈母的心就像抽掉苦心的莲子一样,变得甘美无比了。自己应当发愤读书,用以报答母亲的这份养育之心。

从那以后，朱熹更加废寝忘食地求学上进，常常苦读至深夜。"苦心人天不负"，年仅19岁的朱熹就荣登进士之榜，并成为深受后人尊敬的一代人师。

步步香

相传，理学宗师朱熹为避"伪学"之祸，路过山下村。那日骄阳当空，盛暑难当，朱熹也走得口干舌燥，双脚发软，瞥见路口有个茶馆，忙走进茶馆坐在板凳上，呼哧呼哧直喘气。这茶馆旁边一棵大榕树，枝干苍虬，绿叶如盖，清风飒然，令人神清气爽，是纳凉的好地方。

朱熹口啜香茗，开襟纳凉，浑身舒坦，连日的困顿疲劳消除了大半。茶馆主人是个年近半百的妇女，膝下仅有一个八九岁的男孩，是她在下山路上生的，取名"下山"。这下山自幼好学，终日手不释卷，朱熹是一个大儒，自然喜爱读书郎。他沉吟一会儿，从身上摸出一枚通宝，笑着吩咐道："替我办九种下酒菜来。"女主人接铜钱在手，心里像吊桶打水——七上八下，不办吧，得罪了客官，办吧，区区一枚铜钱如何端出九碗菜？她怔怔地愣在那里，脚像生了根似的提不起来。下山见母亲受窘，抓起铜钱说："娘，我有办法！"下山如飞般出了茶馆，不一会儿，只见他提着一把韭菜喜眉笑眼地站在朱熹面前。朱熹见状，忙把下山搂在怀里，抖动着花白胡须，高兴地流出泪水。原来韭菜的"韭"与"九"同音，朱熹醉翁之意不在酒，在于验证下山的才学，不料聪慧的下山即刻猜中了哑谜，怎不使朱熹兴奋激动呢！

朱熹在茶馆住了一夜，第二天带走了下山，悉心教授，下山也不负师望，高中进士，官拜两浙提点刑狱。下山官高爵显，举家北迁临安，他为感激朱熹提携教诲之恩，在茶馆原地修起一座"朱子祠"，奉供朱熹牌位，春秋两季，乡人顶礼膜拜，遗迹至今尚存。传说朱熹在山下住过的茶馆，蚊虫绝踪，是下山母子用艾草燃熏的结果。艾草被朱熹步履踏过，乡民称之为"步步香"。

陆九渊

陆九渊（1139－1193），号象山，字子
静。他的书斋名为"存"，世人称他为存斋
先生。因其曾在贵溪龙虎山建茅舍聚徒讲
学，因其山形如象，自号象山翁，世人也称
他为象山先生、陆象山。陆九渊系江西省
金溪县陆坊青田村人，在"金溪三陆"中最
负盛名，是著名的理学家和教育家，与当时
著名的理学家朱熹齐名，史称"朱陆"。陆
九渊是宋明两代主观唯心主义——"心学"
的开山之祖。明代王阳明发展其学说，成
为中国哲学史上著名的"陆王学派"，对近代中国理学产生深远影响，被
后人称为"陆子"。

人的本心

陆九渊创立了理学中的另一派"心学"，认为每个人都具有先天的
"不虑而知，不学而能"的良心，这就是人的本心。人的一切恶行都源于
"失其本心"，所以人的一切修养功夫都应该力求保持本心，不让其丧失。
在他眼中"本心"既存在于人心，又充塞在宇宙之中。

什么是人的"本心"？有两个关于陆九渊以自己的方法来说明什么
是"本心"的故事。一个是：陆九渊坐在那里，他的学生詹阜民陪着他坐
着，陆九渊突然站了起来，詹阜民也跟着站了起来，陆九渊对詹阜民说
"还用安排否"。另一个故事是：南宋时期浙江慈溪县的杨简，自幼聪颖，

博览群书,文才出众。乾道五年(1169)考中进士,到富阳为官,适值陆九渊途经富阳,杨简慕名邀其至寓所,交谈之间有相见恨晚之感,杨简问陆九渊:"什么是本心?"陆九渊以孟子的"四端"回答杨简,说:"此即是本心。"杨简说:"你所讲的,我儿时便已知晓,然而究竟什么是本心?"陆九渊只好重复前边的说法,如此几次,仍然无法解杨简之惑。正讨论间,有一桩纠纷告到县衙,由杨简负责审理这个案子,原来是一件关于"扇子"的讼案,杨简听完双方的理由后,片刻便断定了双方的曲直。案毕,又问陆九渊"什么是本心"。陆九渊因势利导,对杨简说:"今天你听讼时,诉讼双方,必有一是一非。你当时见得孰是孰非,即决定为谁是谁非,这不是本心又是什么呢?"杨简听后,急问陆九渊:"仅仅如此吗?"陆九渊厉声问道:"除此还有什么?"杨简退下,一夜未睡,终悟本心之旨。虽然陆九渊仅长他两岁,但是还是行了弟子礼,正式拜陆九渊为师。

以上两个故事说明陆九渊说的本心是无需加以思考,自然而然地按照自己的良心办事。每个成熟的人都有自己稳定的良心,他是和社会的道德准则一致的。

鹅湖之会

朱熹有一首诗,其中的两句是:"旧学商量加邃密,新知培养转深沉。"意思是说,坚持自己所钻研学问的学术道路,对学术传统要尊重,要仔细商榷,加深研究。还要培养自己的学术胸襟,对新发现的知识要深入探索,开拓新的知识领域。

朱熹这两句诗背后,有个寓意深远的故事,常被儒家学者引述,作为探讨学术的指南针。故事讲:南宋两位大儒陆九渊与朱熹,在淳熙二年(1175)经吕祖谦的安排,共赴江西铅山鹅湖寺论道。陆九渊主张"本心即理",是心学一派的提倡者;朱熹则强调"格物穷理",算是理学正宗。两人的思路不同,一个说"尊德性"为先,一个说"道问学"为上,论辩不休,谁也说服不了谁。到了最后,论辩者各执一词,虽然不至于"鸡同鸭讲",却造成了思想的对垒。陆九渊当时写了首七律,末尾四句是:"易简功夫终久大,支离事业竟浮沉。欲知自下升高处,真伪先须辨只今。"批评朱熹的研究方法支离破碎,学问追求的方向不明确,随波浮沉,不如先定立学做圣贤的本心,真理在手,是非自明。朱熹是个大学问家,当然不满意只讲"简易功夫"的为学方法,不过当时并未应答。三年之后,朱熹才写了和诗,显然是经过了长期思考,可说是处心积虑之后的响应:"德义风流宿所钦,别离三载更关心。偶扶藜杖出寒谷,又枉蓝舆度远岑。旧学商量加邃密,新知培养转深沉。只愁说到无言处,不信人间有古今。"

荆州城墙

平遥古城墙、陕西西安城墙、湖北荆州城墙、辽宁兴城城墙并列为中国现存最好的四座古城墙。这古城墙,与陆九渊也有一些关系。

南宋光宗绍熙元年(1190),50岁的陆九渊被任命为荆湖北路荆门军知军。次年九月初三,陆九渊千里迢迢从江西到荆门上任。当时,金兵南侵压境,荆门地处南宋边防前线。陆九渊看见荆门没有城墙,认为这个行政区域位于江汉平原,道路四通八达,南面捍卫江陵,北面支援襄阳,东面守护随州、钟祥,西面扼守宜昌;荆门巩固,四邻才有依靠,不然就会腹背受敌。于是,下决心修筑了城墙。

陆九渊在荆州任职期间,清正廉明,秉公执法。有人告状,他不论早晚,都亲自接见受理。断案多以调解为主。如控诉的内容涉及隐私、违背人伦和有伤风化的,就劝说告状人自动撤回上诉,以便维护社会道德风尚的淳厚。只有罪行严重、情节恶劣和屡劝不改的才依律惩治。所以民事诉讼越来越少,到上任第二年,来打官司的每月不过两三起。

除了执政,陆九渊在蒙山东坡筑亭,宣讲理学,听众往往多达数百人。荆门原先闭塞的民风和鄙陋习俗显著改善。各级主管部门争相列举陆九渊在荆门的政绩奏报朝廷。

1193年初,陆九渊在荆门病逝,棺殓时,官员百姓痛哭祭奠,满街满巷充塞着吊唁的人群。出殡时,送葬者多达数千人。为纪念陆九渊,后人将荆门蒙山改称象山,在荆门城西象山东麓当年陆九渊受理民事诉讼和讲学的象山书院遗址兴建陆文安公祠(俗称陆夫子祠和陆公祠)。书院遗址为今贵溪一中。

王守仁

名人简介

王守仁(1472-1529),名云,字伯安,号阳明,谥文成,人称王阳明。王守仁系浙江承宣布政使司绍兴府余姚县(今浙江省余姚县)人。他是明代最著名的思想家、教育家、文学家、书法家、哲学家和军事家,官至南京兵部尚书、南京都察院左都御史,因平定宸濠之乱等军功而被封为新建伯,隆庆年间追封侯爵。王守仁是"陆王心学"之集大成者,非但精通儒、释、道三教,而且能够统军征战,是中国历史上罕见的全能大儒。

火烧连环船

关于火烧连环船,历史上有许许多多的版本,属三国的版本最为人所知。但是,王守仁版更加有趣。

王守仁当时任江西巡抚,正赶上宁王朱宸濠造反。好戏就此拉开。

首先,熟悉三国的人都知道"蒋干盗书"这一情节。大战在即,王守仁派出一名黑衣人潜入宁王驻地,被卫兵抓住,发现他身上有一封机密信件。类似"蒋干盗书",宁王对他的谋士失去了信任。借此机会,王守仁发动进攻,将宁王的军队追到鄱阳湖上。

接下来,宁王做了一个举动——他把船用铁索连了起来。宁王的这一举动为王守仁平叛打下了坚实的基础。当然,宁王肯定认为这样做有许多好处,详见《三国演义》的相应篇章。

之后的事情很简单:在一个伸手不见五指的黑夜,一队小船悄无声息地驶向宁王的连环船,只听"轰"的一声,火光冲天而起。火越烧越烈,伴着叛军惊慌的叫声,王守仁部队发起了进攻,叛军惨败。

但是,朱宸濠还有十足的实力,因此他没有"走华容"。他准备率部再次进攻。可是第二天深夜,王守仁又发威了。宁王大营遭到了攻击,派兵出击。等了一会儿,王守仁部队转身杀了回来。宁王正在奇怪,后方也受到了袭击——埋伏。在漆黑的夜里一顿糊涂的暴打,可把宁王弄昏了,正想下令从两侧逃走,没想到两侧也有伏兵!

这一顿工夫,宁王这边死伤惨重,幸好湖里还有自己的水军炮舰,才救了自己一命。这时,宁王也很奇怪:难道王守仁没有炮舰吗?结果是有。就在叛军溃败之时,王守仁的炮弹从天而降,虽说叛军死伤不大,但心理防线被彻底打败。第二天,王守仁乘胜追击,一举击败宁王叛军,活捉宁王朱宸濠。

王守仁的这一战虽不出名,但绝对是以少胜多的经典战役:宁、王两军人数比例为 10∶1。

龙场驿站的"顿悟"

明代正德元年(1506)的冬天,有一位朝官因上书救助遭诬陷的同僚,触怒了当朝大太监刘瑾,在殿堂之上受廷杖四十,险些丧命,后被贬至贵州龙场驿站为驿丞。

龙场地处万山环抱之中,荆棘丛生,蛇虺出没,属尚未开垦的原始荒莽之域。当地居民为苗、瑶等少数民族,与汉族语言不通,因而成为一些中原地区流亡人士的藏身之地。贬官至此,使这位官员绝望到了极点,他自言自语:"吾惟俟命而已。"于是,他万念俱灰,日夜端坐,以求心情能够得以平静。

没想到时间一长，效果极佳。他变得神清气爽，精神焕发，可同行的随从却一一病倒了。于是，这位官员亲自动手劈柴做饭。为打破苦闷的气氛，他还歌咏诗句，调唱越曲，逗大家开心。

王守仁日夜端坐沉思

这位官员对于哲学思辨兴趣浓厚，但对于盛行一时的程朱理学极感困惑，难以信从。深山僻壤的打坐恰好给了他认真思索的机会。

一天深夜，他在苦思冥想中顿悟，大叫道："道即在此矣！"

从此，他嘱咐弟子："凡讲学者千万不可失了我的宗旨，无善无恶是心之体，有善有恶是意之动，知善知恶的是良知，为善去恶的是格物。"

这位官员就是明代大哲学家王守仁。龙场驿站的"顿悟"是其哲学自成体系的开端，也是中国古代哲学史上值得纪念的一天。

顾炎武

名人简介

顾炎武（1613－1682），生于江苏市昆山县，是我国明清之际著名的思想家、教育家。因他的家乡有个亭林湖，后世学者又称他为"亭林先生"。

顾炎武的"马背书馆"

顾炎武从小读书就有个习惯，有一点心得就记下来。如果发现错误，就随时修改，发现跟古人议论重复的，就删掉。

顾炎武在外出旅行时，总是用两三匹骡马载着书本跟随着。走到险要的地方，他就叫随从人员去打听详细的情况。当打听来的情况与自己以前所知道的不一致时，就到住宿的客店里打开书核对校正。有时，行走在平原地区开阔的野外，没有什么值得可以留意的事情时，顾炎武就在马鞍上默默地背诵各种经典著作的注解、疏证，偶尔有什么遗忘了，他就打开书仔细认真地阅读。

经过这样的日积月累，再加上他从调查访问得到的材料，顾炎武编成一本涉及政治、经济、史地、文艺等内容极其广泛的书——《日知录》，这本书被公认为是极有价值的一部著作。在《日知录》里，他写了一段精

辟的话。他认为社会的道德风气败坏,就会导致"亡天下",为了保天下不亡,每一个地位低微的普通人,都应负起责任。原文是:"保天下者,匹夫之贱,与有责焉耳矣!"而"天下兴亡,匹夫有责"这句名言就是这样来的。

顾炎武在马背上看书

张之洞

名人简介

张之洞（1837－1909），字孝达，号香涛、香岩，又号壹公、无竞居士，晚年自号抱冰。张之洞系清代直隶南皮（今河北省南皮县）人，洋务派代表人物之一，其提出的"中学为体，西学为用"，是对洋务派和早期改良派基本纲领的一个总结和概括；毛泽东对其在推动中国民族工业发展方面所做的贡献评价甚高，曾说过"提起中国民族工业、重工业不能忘记张之洞"。张之洞与曾国藩、李鸿章、左宗棠并称晚清"四大名臣"。

与孙中山相见

清光绪年间，孙中山从日本留学回国。有一次路过武昌总督府，想会见湖广总督张之洞，便用纸写了一张便条，让守门的传了进去。张之洞见条子上写的是："学者孙中山求见张之洞兄。"问道："什么人？"当差的答："回禀大人，是一个书生。"张之洞大不高兴，提笔在便条上写道："持三字帖，见一品官，儒生妄敢称兄弟？"守门官将条子交给了孙中山。孙中山一看，也在便条上写道："行千里路，读万卷书，布衣亦可傲王侯。"守门官将条子又传了进去，张之洞一看，"啊"了一声，连忙说："请！"随即在府门迎接了孙中山。

买　画

张之洞个子不高，长得不帅，很多人都不把他放在眼里。他接任湖广总督之初，就有一个商人画家拿他开涮。这个商人画了一幅题为"三矮奇闻"的水彩画，画上的三个矮子分别是张之洞和后来的湖北布政使瞿廷韶及巡警冯绍祝。

张之洞身材确实矮瘦，瞿廷韶也以瘦小著称，冯绍祝绰号叫"冯矮子"，这三个人组合在一起，真的称得上是"三矮奇闻"。这幅画展出后，引起了社会各界人士的广泛关注，一时轰动武昌。张之洞得知后，只是呵呵一笑，然后吩咐僚属将那幅画买下了事。那个商人画家惊呆了，如果换作别的高官，不把他抓起来审问拷打，然后告他侵犯形象和名誉权才怪，可张之洞竟然呵呵一笑，然后还掏银子埋单，这事实在是不可思议。

典当箱子

还有一件事，也挺有意思。那就是张之洞为官清廉是出了名的，他时常说这样一句话："一个人就是再穷，未必连二三十两银子都拿不出来。"他的这句话，说得颇具讽刺意义，因为他经常有这样的时候，每到这个时候，他就令人拿皮箱到武昌维新当铺去典当。

张之洞因此成了维新当铺的常客，而维新当铺也立下了一个不成文的规矩：凡是总督衙门的人拿皮箱来典当，每只箱子可当二百两银子，不管箱子里是什么东西，也不管箱子里有没有东西，只管按照箱子的数量付足银两就可以了。

维新当铺之所以定下这样的规矩，是因为张之洞并不是真想当他的皮箱。只要手头有了银子，他就会把皮箱赎回去。就这样，他当当赎赎，赎赎当当，乐此不疲，而又非常搞笑。这在贪污腐败日趋严重的晚清官场来说，实在是一桩奇闻。

张之洞的对联故事

张之洞少时便聪颖好学，深受老师喜爱。一天，老师带其春游，触景生情，出了一个对句："驼背桃树倒开花，黄蜂仰采。"张之洞歪着脑袋，两眼盯着路边的莲池，对出了一个俏皮对句："瘦脚莲蓬歪结籽，白鹭斜观。"老师听后又出了一联："柳线莺梭，织就江南三春色。"张之洞思索了一阵后对曰："云笺雁字，传来塞北九秋书。"据说，这副对联至今被楹联界称为绝对。

张之洞巧对对联

严　复

名人简介

严复(1854—1921),原名宗光,字又陵,后改名为复,字几道,系福建省侯官县人,曾担任过京师大学堂译局总办、上海复旦公学校长、安庆高等师范学堂校长、清朝学部名辞馆总编辑。他是清末很有影响的资产阶级启蒙思想家、翻译家和教育家,是中国近代史上向西方国家寻找真理的"先进的中国人"之一。

从复旦公学到安徽高等学堂

1906 年,复旦公学(今复旦大学)校长马相伯去日本,致函当时任安徽高等师范学堂校长的严复,请他接任校长一职。严复在写给甥女何纫兰的信中说:"本日复旦诸生以书恳我为之校长,经诺之矣。不知能兼顾否?"

大概是复旦公学一时难找到更合适的人选,时隔不久,有关方面同意了。严复常穿梭奔走于两地间,去处理他作为校长不得不处理的各种事务。

严复任复旦公学校长不久,学校资金吃紧,学校员工有两个月都没拿到工资了。无奈中,他想出了寅吃卯粮的办法,多次到南京去面见两江总督端方,商量预支一部分明年的经费。

身兼两职的严复，自知精力不济，无暇两顾，向端方提出辞去复旦公学校长之职。端方答允翌年正月的经费预支给他，辞职一事搁在一边。

严复不得不继续做他的复旦公学校长。除了整顿校纪、精简编制外，经费问题始终困扰着他，必要的校舍建设也无法施行。1907年2月他给夫人朱明丽的信中提到："复旦事甚难办。此次到宁，须与端督院破脑决断。若不起校舍，吾亦不能办也。"

由于严复几次三番递交辞呈，又因身兼两校之长非长久之计，两江总督最终批准严复辞呈，由夏敬观接任。

在安徽高等学堂的日子同样也不好过。早在严复接到安徽巡抚的聘书，准备上任之际，就接到一封匿名信，警告他不要到任。巨大的阻力使严复生畏，因此复函回绝。后因安徽新任巡抚恩铭盛意难却，才走马上任。

一到安徽高等学堂，所见学堂守旧、涣散，严复下决心做一番严厉的整顿。从严肃学生考试纪律入手，制订了严格的考试制度。这样一来，那些不肯刻苦学习的富家子弟，几次考试下来，已经有三十余名即将毕业的学生由于成绩极差，按规定被除名。

但严复对确有见解的学生，却十分爱惜，青睐有加。一次他查阅考卷，发现一位叫王恺銮的学生，以《张巡论》为题，写了篇史记。他读着，发现此文对一向公认的英雄大加讨伐。他愣住了。

读完文章，严复深深为作者的说理打动。他欣赏此文讨论的尖锐、讲理的透彻，但阅卷教师只给了40分。严复对文章有点爱不释手，就动手将文中几句过于偏激幼稚的语句作了改动，叫人传唤王恺銮，当面表扬勉励，并赏银十元。

阅读教师知道此事，趁人不在，取出卷子，将40分改成了90分。

严复又接着提出对教师进行一次考试计划。在考核之前，他先放出风来，说是校长要亲自面试教师，由校长针对各位教师所任课程，提出问题，教师作答，满意者下聘书，不满意者请卷铺盖走人。

风声传出，一些水平欠缺有自知之明的，便提了辞呈，自动离去了。其中有几位日本教员，觉得这样离开，有损本国声誉，硬着头皮等严复召见。面试时，严复接二连三提出问题，他们多不能答出。严复不客气地说："诸位学业不精，在此传道，不免误人子弟。请回国踏踏实实研究几年，有了真才实学，再来这里教书。"他们面红耳赤，无话可说，只得告退了。

　　经过这番考试，滥竽充数的教工被清洗出去，接着严复对教工队伍进行了换血改造，调整了人事，引进新的人员。一番整顿后，学校的面貌有了很大改观。

严复与"严师慈父"

　　严复不愧为是一位"严师慈父"。在旧式家庭里，家长是有绝对权威的，而严复却能接纳儿女的"忠言"。他曾因一只专用的精美瓷碗被佣人不慎摔破而发脾气。二女儿见状，莞尔一笑，反问父亲："天下哪有不碎的瓷器呀？"严复于是不再说什么了。事后，他还夸奖女儿能"规父之过"。

严复指导儿女作画

严复对儿子某些率真的行为也会谅解。三儿子十六岁时在他的书房见到《金瓶梅》一书，无意中翻了几页，料到这是"坏书"，一下子就把它投入火炉付之一炬，随后溜走。嗜书如命的严复得知此事后，竟也不加追问责备。平日他对儿女谈自己的见解，往往以征询的口气问道："儿以为然否？"启发他们动脑深思，不盲目点头称是。

严复十分关心儿女的学业。在家时，常抽空教他们国文、英语和算术，还聘请桐城的金先生专授古典经书，约请外国小姐面授英文。有时儿女将习作呈寄，他先是肯定："吾儿书画，日来皆有进境。"然后再仔细加以指点。当严复听见有人称赞大儿子的书法与诗词有青出于蓝的气势时，就高兴得哈哈大笑。

在重男轻女，"女子无才便是德"的年代，严复却对儿女一视同仁，让女儿接受良好的教育。

严复从不放松教导儿女立身处世、待人接物的道理。他勉励"好男儿报国在今朝"，"男儿生世，弘志四方"，教育女儿"欲为有用之人，必须表里心身并治，不宜有偏"，对师友"均应和敬接待"。鼓励他们遇事要独立思考，不要随大流，"大抵一切言行宜准于理，勿随于俗，旁人议论岂可作凭？"大儿子从国外归来，意欲在家乡休息三四个月，他马上劝说："吾儿一听父言，必变此计。"促他要抓住机遇早日北上，不要浪费时光，严复爱子情深，故责之也切，曾作诗示三儿子："不胜舐犊情，为儿进苦口。"

暮年的严复，卧病在床，他自知不久于人世，怕儿女会悲伤，暗地里告诉前来探望的老友："我的寿命只能以日计算了，请你不要让我的媳妇和儿女知道。"可见在即将驾鹤西去的时刻，严复牵挂的仍然是儿女们。

张 謇

名人简介

张謇(1853－1926)，字季直，号啬庵，祖籍江苏省常熟市，生于江苏省海门厅长乐镇(今海门市常乐镇)。清末状元，中国近代实业家、政治家、教育家，中国棉纺织领域早期的开拓者。他创办了我国第一所纺织专业学校，开中国纺织高等教育之先河；首次建立棉纺织原料供应基地，进行棉花改良和推广种植的工作；以家乡为基地，努力进行发展近代纺织工业的实践，为中国民族纺织工业的发展壮大做出了重要贡献。

不占公款

1883 年农历正月十五，张謇经赴朝平乱磨炼，胜利而归，过第一个春节后，壮志满酬，为居室题"壮复斋"，日记中记下"志三十后努力自新也"。后奉吴长庆之命二上朝鲜抵汉城吴营中，仍不忘刻苦学习，挤时间练字，读《诗经》、《周礼》，撰读书札记。因上年朝鲜爆发"壬午兵变"，张謇受朝廷之命随吴长庆赴朝平乱，张謇运筹策划，一举全胜，表现出一介书生所难得的干练才能。他还主张三路出师，征伐日本，乘势归复为日本所侵占的琉球，并写有《朝鲜善后六策》，高见震动朝野。吴长庆对张謇，曾有酬赏三千的诺言，因此吴长庆托人寄银 1000 两至常乐。而张謇认为自己赴朝平乱保家卫国乃为公也，吴长庆此做法有违公意，所以再三声明作为无息贷款，暂度家贫之急。日后果然将钱悉数归还。

严处侄子

张謇不谋私利，不徇私情，对亲属决不护短，姑息养奸。凡有吸（毒）喝嫖赌、仗势欺人、无理取闹等不规者，必受家训、家法严厉处罚。

张謇对两个侄子特别关注。因自己长期没有孩子，对其中一个还有嗣为儿子之意。但他们喜欢吃喝玩乐，游手好闲，赌博成性，张謇多次找其谈话教育，却仍屡教不改，张謇恨铁不成钢，才将嗣儿之事作罢。可他们不仅不改，反而变本加厉，故在百姓中流传有"仗了张三吃白四"之言。

长房侄子念祖仗势欺人，作恶甚多，妨碍乡民。1916 年农历正月初一至敦裕堂宅肆蛮无礼。初二，张謇给海门县知事写信，令警所送念祖于海门习艺所管教改造。初三，许聘三来访，知道张謇送押念祖，盛赞此事必令镇人称快。但张謇对念祖的两个儿子仍安排上学，一个女儿由承祖抚养。

长房侄子承祖，自恃叔父张謇状元的声望，不仅在本地胡作非为，竟胆大妄为闯至崇明县闹公堂。知县碍于张謇，不敢得罪承祖。但因知张謇为人清正，不徇私情，崇明知县小心翼翼地将此事禀报张謇，张謇闻讯，明告知县"依法惩处"。

张謇严处二侄，为民除害，周围群众奔走相告，对"张四先生"秉公办事，不徇私情，无不称颂。

由于张謇处处以身作则，管教家人极严，敢从自家人先开刀，故威信不言自高。所以周围谁也不敢违法乱纪，有纠纷闹事，只要"张四先生"出来一句话，谁都听从。

接受监督

张謇不追逐名利，不图升官发财，一心只为救国救民而弃官还乡从事实业教育、地方自治,建设模范县。因而他十分注重廉洁奉公的制度建设,无论是办垦牧公司、盐业公司、大生纱厂,还是办学校、养老院等,他都紧紧抓住规划设计、选人用人、资金筹集、制度建设四大环节。而且常常亲自动手制定各项规章制度,全部十分详尽、周全、实用、严格。为自己办的几十所学校都针对性地制定、书写校训。所办实业,财务上每年定期组织审计,向股东大会公布,自觉接受民主监督。还时常亲自查账核对,谁也不敢乱来。

张謇的常乐镇老乡、同学黄士高为人忠厚,擅长记诗、传,能背诵《康熙字典》,还有一手写方块字似铅字的绝技,张謇称他"两脚书橱活字典",故函电公文由其誊写、校对居多。黄士高后转入南通师范任教,兼任舍监。学校规章制度由校长张謇亲定,教导主任于敬之、顾公毅负责教育,舍监负责执行监督制度。黄士高执纪十分严肃认真。有一次张謇到校了解教育情况,听取于、顾及几个教师汇报,大大超过了熄灯时间,黄士高进门去将灯熄灭,并对张謇说:"这个规章制度是你定的,你们自己不遵守,下边的事就不好办了。"汇报工作就此停止。事后大家都批评黄士高太没有礼貌了。到了学期结束,按惯例开会讨论调整教师任课时,于、顾两人认为黄士高太固执呆板,不懂人情,不通世故,特别是对张謇太不尊重了,提出对黄士高不可再任用,大家也一致同意。张謇听到后发表了不同看法:"黄士高为人不能圆通活变,十分呆板是其所短,但也有长处,就是尽忠守则,对工作负责,这一点上大家都要向他学习,这就是取长补短呀! 再说制度既定,学生、老师、校长也都该一样遵守。"由此黄士高仍被留用。

蔡元培

名人简介

蔡元培（1868－1940），字鹤卿，又字仲申、民友、孑民，乳名阿培，曾用化名蔡振、周子余。绍兴山阴（今浙江省绍兴市）人，原籍诸暨，革命家、教育家、政治家，中华民国首任教育总长。

平易近人

1916 年至 1927 年，蔡元培任北京大学校长，革新北大，开"学术"与"自由"之风；1920 年至 1930 年，蔡元培同时兼任中法大学校长。

1916 年冬季，蔡元培先生就任北京大学校长。那时的交通工具很简单，走马上任还需要坐马车，当蔡先生从马车上下来以后，看见学校门口，有许多人在夹道迎接。原来，这是学校的规矩，工友们必须遵循礼仪表示欢迎，随行人员对蔡先生说了声："您请。"蔡元培先生一边往前走，一边脱帽向两边欢迎他的工友们致意，并和颜悦色地对工友们点头致谢，不住地说道："谢谢诸位，大家辛苦了！"工友们见此情景，非常感动，纷纷赞叹道："蔡先生真是一位平易近人的好人啊！"这件事情要是发生在今天，当然没有什么可以大肆宣扬的。但在刚刚推翻封建帝制的民国初期，蔡元培先生抛弃了旧官场上的那一套官礼陋习，对普通老百姓谦

恭礼让,这种礼待庶人的行为,不能不令人佩服。

当时,有一位叫马兆北的学生,考取了向往已久的北京大学。报到那天,天空晴朗,气候宜人,马兆北踏着轻快的脚步,迈入了北京大学的校门。谁知一进大门,就看见一张公告:凡新生来校报到,一定要交一份由现任的在北京(北平)做官的人的签名盖章的保证书,才能予以注册。

马兆北看完公告以后,欢欣的心情一下子烟消云散,一种被愚弄的感觉霎时涌上了心头。他怀着忿忿不平的心情,给蔡元培校长写了一封信。信中写道:"我不远千里而来,原是为了呼吸民主空气,养成独立自尊的精神。不料还未入学,就强迫我到臭不可闻的官僚面前去磕头求情,未免令我大失所望。我坚决表示,如果一定要交保证书,我就坚决退学。"言语中不免流露出对蔡元培先生为首的校方的不满。信发出以后,马兆北并没有抱多大的希望,本来嘛,人家是举国上下鼎鼎有名的校长,自己只不过是一个名不见经传的新入学的学生,能有什么好的结果呢?不过是借此保持一下自己的自尊,泄一泄自己心中的愤恨情绪而已。于是,马兆北开始收拾行装,准备追求自己新的前程。

谁曾想,过了几天,马兆北突然收到一封来信,猜了半天也猜不出究竟是谁写给自己的信,打开一看,见开头写着"元材先生"(即马兆北先生),急忙再看看下边的署名,居然是蔡元培校长的亲笔:"弟元材谨启"。马兆北激动得差点没喘过气来,稳定了一下自己的情绪,急忙观看全文,只见信中写道:"查德国各大学,本无保证书制度,但因本校是教授治校,要改变制度,必须由教授会议讨论通过。在未决定前,如先生认为我个人可以作保的话,就请到校长办公室找徐宝璜秘书长代为签字盖章。"

信中表现出蔡元培先生虽然身为一校之长,但他办事绝不擅作主张,独断专行,而是认真遵守学校的规章制度,尊重教授和教授会议所做出的决定,尽管他本人也对交保证书的做法并不赞同。字里行间还表达了蔡元培先生对自己学生发自内心的诚恳之情。马兆北看完信以后，心情很不平静：蔡元培校长在百忙之中，竟然对我这样一个不知深浅的无名小卒以礼相待，真是令人刻骨铭心、难以忘怀。

爱护学生

蔡元培历来认为，学生在校"应以求学为最大目的，不应有何等政治之组织。其有年在二十岁以上，对于政治有特殊兴趣者，可以个人资格参加政治团体，不必牵涉学校"。然而1919年五四运动那天，北大学生整队出发游行，他并没有力阻。当时教育总长傅增湘曾给他打电话，令他负责召回学生，并立即赴教育部商量对策。他直言相告"学生爱国运动，我不忍制止"，并拒绝去教育部。

当天，许多爱国学生遭到逮捕。之后，学生们聚集在北大礼堂里，束手无策。不一会儿，一阵脚步声从外面传来，众人仰首张望，原来是校长蔡元培。一群学生害怕受到他的斥责而惴惴不安，另一些学生则欢呼起来，有的甚至放声大哭。蔡元培从容地走上讲台，怡言温词地对大家说："你们今天所做的事情我全都知道了。我寄以相当的同情。"还没有说完，全场呼声雷动。他接着说："我是全校之主，我自当尽营救学生之责。关于善后处理事宜也由我办理，只希望你们听我一句话就好了。这句话是什么呢？就是从明天起照常上课。"

5月5日，蔡元培与北京13所大专院校校长召开联席会议，要求释放学生。蔡元培在会上表示"愿以一人抵罪"；又表示"如危及身体，而保全大学，亦无所不可"。5月7日，北京政府迫于舆论压力决定释放学生。5月9日，蔡元培"引咎辞职"，秘密出京。他说："我恐若因此增加学生对于政府的纠纷，我个人且将有运动学生保持地位的嫌疑，不可以不速去。"

6月15日，蔡元培在他发布的《不愿再任北京大学校长的宣言》中说：“我绝对不能再做不自由的大学校长：思想自由，是世界大学的通例。”后由于北大师生极力挽留，蔡元培答应只做北大师生的校长。

对学生爱护至此的蔡元培并不是一味地纵容学生。五四运动以后，北大的学生尝到了“斗争”的“甜头”，经常采取罢课、围攻老师等手段来夺学校当局的“权”。这种状况发展到极端，居然到了教员严格课堂或考试纪律，也马上有学生起来罢课的程度。罢课几乎成了学生手中威胁校方与教师的法宝。

有一次，学校收取正常的讲义费用，学生们立刻起来集会罢课。数百名学生冲进学校办公部门，要找制定这条规定的人“算账”。蔡元培先是好生劝导，告诫学生必须服从学校规定。多数学生散去，但仍有一些示威学生不予理睬，甚至要动手打教员。此刻的蔡元培完全被激怒了，平日的谦谦君子撸起袖子，大吼道：“有胆的就请站出来与我决斗。如果你们哪一个敢碰一碰教员，我就揍他！”学生被校长震慑住了，事情逐渐平息下来。

此事过后，蔡元培严肃处理了闹事的学生。他认为：“该生等威迫狂号，秩序荡然。此种越轨举动，出于全国最高学府学生，殊可惋惜。废置讲义费事小，而破坏学校纪律之事实大。涓涓之水，将成江河，风气所至，恐使全国学校共受其祸。”可见，即使在蔡元培那里，在倡导思想自由的同时，也并没有认为思想的自由可以坏了行为的规矩。事实上，在五四运动以后，蔡元培尽管全力保释被捕的学生，但他同时也在忧心，学生的过激行为会越演越烈，必须对此有高度的警惕。

“兼容并包”的前提是自身的独立，而独立的支撑点则是人格的完整。因此，蔡元培特别关注大学教育对人格的培养。蔡元培来北大之前，可以说这里是一片乌烟瘴气，学生对于专职的教员并不欢迎，甚至讨厌那些尽职尽责的教师，但对于行政司法界官吏兼任的教员就特别欢迎,因为毕业后可以仗着这些有权有势的老师做靠山。学生经常随意请假,年年发旧讲义,也不讨厌,考试时还要求教师划定题目范围,对于学术并没有任何兴趣。

针对这种情况,蔡元培在北大的就职演说中指出:"诸君为大学生,地位甚高,肩负重任,责无旁贷,故诸君不唯思所以感己,更必有以励人。苟德之不修,学之不讲,同乎流俗,合乎污世,己且为人轻辱,更何足以感人。"在他的眼中,大学是精英的圣地,是孜孜不倦地探求真理的人们的一个栖居所在。当时还是一名普通学生的罗家伦,后来回忆蔡元培先生讲话时的感受时说:"那深邃、无畏而又强烈震撼人们心灵深处的声音驱散了北京上空密布的乌云,它不仅赋予了北京大学一个新的灵魂,而且激励了全国的青年。"

蔡元培多次说:"人言有良社会斯有良大学,吾谓有良大学斯有良社会。"他把因果关系颠倒过来,指出中国社会面临的最大问题是社会道德的沦丧,是人心的死灭,所以大学有责任去扭转这种趋向。培养健全的人格,甚至比第一流的研究成果还要重要。他谆谆告诫教育者:"教育乃养成人格之事业也。"教育就在于使人走出种种奴化状态,培养受教育者作为"人"的独立人格、自由意志,开发其潜在的能力,达到人性在德、智、体、美诸方面全面、和谐的发展。

在蔡元培看来,道德教育是国民教育之根本,一个民族的道德水平才是民族文化的核心内容。他呼唤一代新型的知识分子的诞生,这将是具备了高度的社会责任感和纯洁的道德情操,具备了丰富的想象力和创造力以及敏锐的审美能力的一代人,他们就是社会进步的中坚力量。

勤奋好学的蔡元培

蔡元培从小就勤奋好学,刻苦钻研。虽然家里很贫穷,但蔡元培从没放弃过读书的念头,不断地寻找读书的机会,蔡元培很少参加做客、游玩的活动,因为他把时间都花在了学习上。蔡元培读书时十分专心,一心一意,从不受外界事物的干扰。

有一次,蔡元培正在楼上读书,楼下失火了,他竟然一点也没感觉到,还在聚精会神地学习。直到有人记起来他还在楼上,连忙去救,他才脱离了危险。还有一年夏天,蔡元培在夜里读书,因为蚊子特别多,他就找来一只坛子,把自己的两条腿伸进去,坛口再捂上报纸,这样,蚊子就叮不上,不会打扰他认真读书了。

蔡元培聚精会神地看书

蔡元培七十岁的时候说:"从十余岁起,读到现在,将满六十年了……几十年没有一天不读书。"

正是蔡元培这种勤学的精神,才成就了他伟大的一生。

梁启超

名人简介

梁启超（1873—1929），中国近代史上著名的政治活动家、启蒙思想家、资产阶级宣传家、教育家、史学家和文学家。戊戌变法（百日维新）领袖之一。曾倡导文体改良的"诗界革命"和"小说界革命"。其著作合编为《饮冰室合集》。

"饮茶龙上水，写字狗耙田"

一天，梁启超家里来了一位客人，当时正在厅里与父亲谈着什么。梁启超在外面玩得满头大汗，他走进来从茶几上提起茶壶斟了一大碗凉开水正想喝，却被客人叫住了。"启超，你过来。"客人说，"我知道你认识很多字，我来考考你。"客人见茶几上铺着一张大纸，提笔便狂草了一个"龙"字："你读给我听。"梁启超看了一眼，摇摇头。客人哈哈大笑。梁启超没理他，一口气喝了摆在茶几上的那碗凉开水。客人看了又哈哈大笑，道："饮茶龙上水。"梁启超用右衫袖抹一下嘴角，说："写字狗耙田。"梁启超的讥讽让父亲尴尬，正要惩罚他，客人说："令公子对答工整，才思敏捷，实在令人惊异。"

堂前悬镜，大人明察秋毫

梁启超10岁那年跟随父亲进城，晚上就住在秀才李兆镜家里。

李家正厅对面有个杏花园。梁启超第二天早晨起来到杏花园里玩要,看见朵朵带露水的杏花争奇斗艳,便忍不住摘了几朵。这时,梁启超听到脚步声由远而近,原来是父亲与李秀才来了。梁启超急忙将杏花藏在袖里,但仍被父亲看见了。父亲不好意思在朋友面前责怪儿子,便以对对联的形式来处罚他。

父亲和李秀才在考梁启超

于是,父亲略一思索,就吟出上联:"袖里拢花,小子暗藏春色。"梁启超仰头凝思,瞥见对面厅檐挂着的大镜,随即对出下联:"堂前悬镜,大人明察秋毫。"

站在一旁的李兆镜拍手叫绝,说:"让老夫也来考一考贤侄,'推车出小陌',怎样?"梁启超立刻对道:"策马入长安。""好,好!"李兆镜连声称赞。同时,他心里也暗自惊叹,梁启超小小年纪竟有如此的聪明才智,真是不简单!这个孩子长大后必定会有一番大作为。

在欢快的气氛中,父亲也就不好再责怪梁启超了。就这样,梁启超凭借他的聪明才智免过了一次严厉的处罚。

咸鱼诗

梁启超九岁那年,他的祖父梁维清带着他乘坐木船,由水路经江门前往广州参加考试,这还是梁启超第一次离开家乡。

当时满船的人都是准备应试和赶考的书生,大家坐在一起都是在讨论学问和夸耀才学的。一日在船上吃午饭,刚好吃的是白米饭和蒸咸鱼,有一个考生就提议以咸鱼为题进行吟诗或作对。其实用咸鱼入诗入对,是一个非常难的题目,因为咸鱼虽然是广东人饭桌上的名菜,但毕竟是登不了大雅之堂,俗话说"进鲍鱼之肆,久而不闻其臭",但说的仍然是臭,并且是与"入芝兰之室"相对着的,话题一出,当时满船的考生都一下子被难倒了,大家纷纷都在抓耳挠腮,苦苦思考。

梁启超稍停片刻,便当众吟诵:"太公垂钓后,胶鬲举盐初。"在座的人听了,都不约而同地愣了一下,然后大家都拍手叫好,不约而同地称赞他的诗作得十分切题,风格典雅,诗意浓郁,而且适当地运用典故,不落俗套,是一个十分难得的好句。

到后来有人讨论到梁启超的时候,就有这样的戏言:"广东咸鱼从此得翻身了,入风流儒雅的一类了。"这个可能都是从梁启超作咸鱼诗中得到的。

智取寿文的故事

梁启超在他十一岁那年,到省城参加考试,一举就中了秀才。考完试之后,担任主考的三品大员、广东学政使叶大焯,得知广东出了这么一个神童,再细细阅读梁启超的试卷,大为赞赏,就专门召见梁启超和几个年龄稍小的秀才面试一番,和他们谈论经学、唐诗宋词及唐宋八大家等。

被接见的新科秀才一个个进去之后很快就退出,唯独梁启超竟小小年纪就无所不知,对答如流。叶大焯不觉十分高兴,对梁启超十分赞赏。

机灵的梁启超见此，马上长跪于地请求说："老师啊，我的祖父今年已经是七十高龄，他的生辰为农历十一月二十一日，弟子很快就回家乡看望他老人家了，如果在我为祖父祝寿时，能得到先生所写的寿言，一定会使我祖父延年益寿，而且还可以告慰叔父和父亲孝顺之心，在我们的宗族交往中会感到更加光彩的。"叶大焯面对这个稚气未脱的孩子，听他说出一番成人的语句，大为惊讶，并深深地为他的孝心所感动，于是便接受了梁启超的请求，欣然提笔，为梁老先生写了寿文。

回到家中，梁维清一读之下，非同小可啊，广东学政是朝廷三品人员，竟亲自挥笔为自己写寿文，真是大喜过望，茶坑村双喜临门，当即像过节一样庆祝梁启超中秀才和梁维清得到高官的祝寿。

梁启超拜师

梁启超考中举人以后，并不满足已取得的成就，还是继续努力学习，在广州的学海堂继续读书。在学海堂中，有一个同学名叫陈千秋，是南海县西樵乡人，与梁启超非常要好，而且他还是学堂里的高材生。一天，他从外面回来，非常兴奋地对梁启超说："梁兄，我听说南海康有为先生上书皇帝请求变法，没有得到皇帝的同意，现在他刚巧从京师回来，我正想前往拜见他，他的学问是我与你所想象不到的。如果我们现在能找到一位好老师，那就太好了。"

陈千秋见到梁启超还是一脸纳闷，就向他介绍了康有为的学问和思想，1888 年，康有为在北京参加顺天乡试，他写了一封五千字的《上清帝书》，向光绪皇帝提出："强邻四逼于外，奸民蓄乱于内，一旦有变，其何以支？"他还警告皇帝，如果还是因循守旧，不变法图强，外国列强必然会进一步深入国土，像太平天国那样的起义就会再次发生。本来康有为在这次乡试中，已经考中举人，可是顽固派大臣徐桐认为："像康有为这样轻狂的人，如果给他考中，今后必然会将朝廷搞得乌烟瘴气的。"于是抽去他的试卷,使康有为不幸落榜了。但这次上书却轰动整个北京官场,产生较大的社会影响,康有为也因此有了一定的声望。陈千秋还说,康有为除此之外,还有许多异议和奇怪的论说,都是他闻所未闻的。这个消息大大地震动了求知欲极为旺盛的梁启超,他急切地恳求陈千秋说:"陈兄,我也想见见这位康先生,你快带我去见见他吧。"陈千秋爽快地应允了。

见到康有为后,梁启超便正式拜康有为为师。陈千秋、梁启超二人还共同请求康有为自己开学馆,于是康有为便在广州长兴里成立了"万木草堂"。梁启超从此便结束了在学海堂的学习。

康有为中举是1893年的事,比梁启超中举晚四年,当1890年梁启超成为康有为的及门弟子,及1891年万木草堂创立时,康有为还没有中举呢。可见梁启超拜康有为为师,是举人拜秀才为师,这在历史上是罕见的。但这也说明,康有为的确是有学问,很不寻常,不仅学富五车,而且思想新颖,否则,已经中举的梁启超岂肯拜在他的门下?同时也说明,梁启超的确虚心好学,不计较康有为还只是个秀才,只要他有真才实学,能为己师,还是很愿意拜他为师的。

趣味教育

梁启超生平信仰的是趣味主义。如果有人问他,你的人生观拿什么做根底?他便会回答:"拿趣味做根底。我生平对于自己所做的事,总是做得津津有味,而且兴致淋漓,什么悲观咧,厌世咧,这种字眼,我所用的字典里头,可以说完全没有。我所做的事常常失败,但我不仅从成功里感到趣味,就是在失败里也感到趣味。"

有一次,梁启超被邀请到南京东南大学作学术报告,当时他向学员作了一个题目为《教育家的自家田地》的讲演,进一步阐述教育这门职业的特别好处。他在讲演中,一开头就说:孔子屡次自白,说自己没有别的过人之处，不过是"学而不厌，诲人不倦"。他的门生赞叹道："我们这一点真的难做到啊。"梁启超剖析说："为什么你们做不到呢？因为学是不难，而要做到不厌却是不容易；诲人不难，不倦却是很难的。厌倦是人生第一件罪恶，也是人生第一件苦痛。厌倦是一种想脱离活动的心理现象，换句话说，即不愿劳作。不愿劳作的念头一起，不仅减低了劳作的效率，还会生出无穷弊害，所以说它是罪恶。而从另一个方面看，不论是谁，总要靠劳作来维持自己的生命，不管你如何不愿意，劳作还是免不了。既免不了，又不愿意，天天皱着眉、哭着脸去做那不愿意做的苦工，岂不是活活地把自己关在第十八层地狱！所以说厌倦是人生第一件苦痛。"梁启超的讲演，引起学员的广泛兴趣，掌声在会堂里久久不能停息。

第二天，他再为这些学员作题为《学问之趣味》的讲演。他一开头又说："我是个主张趣味主义的人，倘若用化学化分'梁启超'这件东西，把里头所含一种元素名叫'趣味'的抽出来，只怕所剩下仅有个零了。"这句关于趣味的开场白，一下子把学员听讲的兴趣都引出来了。

梁启超接着说："凡人必须常常生活于趣味之中，生活才有价值。若哭丧着脸，挨过几十年，那么生命便成为沙漠，要来何用。我觉得天下万事万物都有趣味，只嫌每天二十四小时不能扩充到四十八小时，不够我享用。我忙什么？忙的是我的趣味。我以为这便是人生最合理的生活。"梁启超对趣味的经典阐述，引起学生的广泛关注，这种趣味的学习方法，对我们现代人也同样具有重要的启迪意义。

陈嘉庚

名人简介

陈嘉庚,著名的爱国华侨领袖、企业家、教育家、慈善家、社会活动家,福建省同安县集美社(现厦门市集美区)人。厦门大学、集美中学、翔安一中、集美学村、翔安同民医院等,均由陈嘉庚创办。陈嘉庚一生具有强烈的爱国情怀,为辛亥革命、民族教育、抗日战争、解放战争、新中国的建设做出了卓越的贡献。生前曾被毛泽东称誉为"华侨旗帜、民族光辉"。厦门大学、集美大学(前身为集美学村各校)两校师生都尊称其为"校主"。

小嘉庚卖贝壳

爱国华侨陈嘉庚先生,一生艰苦创业,挣下的钱财几乎都用在了教育事业上。可是,他小时候却是个穷苦的孩子,还卖过贝壳呢!

陈嘉庚小时候,厦门已经被帝国主义强占为"五口通商"的港口之一了。许许多多的外国人,在厦门建起了一幢幢别墅。每年夏天,天津、上海的洋人带着洋少爷、洋小姐到厦门鼓浪屿海上公园来避暑。

有一天,小嘉庚到海边挑海蛎子时,看见几个漂亮的贝壳,顺手把它拾回家,吃过晚饭,他把那几个贝壳刷洗得干干净净,同几个小伙伴在门外大榕树下玩了起来。他们玩着玩着,忽然发现一个洋孩子走过来,一双蓝眼睛紧紧盯住那几个贝壳。任凭洋孩子的母亲怎么拉，这个洋孩子也不走。小伙伴们看了觉得好笑，有的说："这贝壳海边有的是，有什么稀罕？"可是，陈嘉庚却想：洋人有的是钱，既然他们喜欢贝壳，我们不可以卖给他们吗？

陈嘉庚把贝壳卖给洋孩子

第二天，陈嘉庚不去挑海蛎了，他挎着小竹篮子到海边捡贝壳去了。而且，他还尽捡些又好看又稀奇的，"观音手"啦、"鬼见怕"啦、"花蝴蝶"啦、"猪八戒"啦，什么都有。他把这些贝壳洗干净，又擦上了妈妈的头发油，一个个明晃晃、亮闪闪，真叫人一看就喜欢。

"卖贝壳！"陈嘉庚把贝壳拿到鼓浪屿叫卖开了。洋孩子看到五光十色的贝壳。叽里呱啦地招呼着同伴，一下子都涌了过来。他们挑呀，拣呀，不大一会儿，就把贝壳买光了。

小嘉庚回到家里，把这件事告诉了小伙伴，人家都觉得又奇怪又好笑，谁也没有想到贝壳这样值钱。陈嘉庚高兴地对穷伙伴们说："我们把贝壳拣来卖给洋人，不就有钱上学读书了吗？"

"对!"大家听了都拍手叫好。

从这以后,陈嘉庚领着他的小伙伴天天去拾贝壳。拾回来擦干净,他们再拿到鼓浪屿去叫卖。日子一长,他们还挣了不少钱。看到穷孩子也能背上书包上学,陈嘉庚可乐了。他对伙伴们说:"将来我要挣许许多多的钱,办许许多多的学校,让所有穷孩子们都能上学读书。"听了他的话,大伙儿还说他是在大白天说梦话。谁知过了三十年后,陈嘉庚果然办起厦门大学等许多学校。

现在,人们还传说厦门卖贝壳做旅游纪念品就是陈嘉庚传下来的。

办学事迹

陈嘉庚是一位伟大的爱国者,著名的实业家,也是一位毕生热忱办教育的教育事业家、名副其实的教育家。他一生生活俭朴,但兴学育才则竭尽全力,十分热心。他办学时间之长,规模之大,毅力之坚,为中国及世界所罕见。

陈嘉庚说:"民智不开,民心不齐。启迪民智,有助于革命,有助于救国,其理甚明。教育是千秋万代的事业,是提高国民文化水平的根本措施,不管什么时候都需要。"本着上述办学目的和动机,他不惜倾资办学。

1913 年,陈嘉庚在家乡集美创办小学,以后陆续办起师范、中学、水产、航海、商业、农林等校共十所;另设幼稚园、医院、图书馆、科学馆、教育推广部,统称"集美学校";此外,资助闽省各地中小学 70 余所,并提供办学方面的指导。1923 年孙中山大元帅大本营批准"承认集美为中国永久和平学村","集美学村"之名就是由此而来。规模这样宏大,体系这样完整的"学校",全国还找不到第二个。

1921 年陈嘉庚认捐开办费 100 万元,常年费分 12 年付款共 300 万元,创办了厦门大学,设有文、理、法、商、教育 5 院 17 个系,这是一所华侨创办的唯一大学,也是全国唯一独资创办的大学,于 1921 年 4 月 6 日开学，陈嘉庚独力维持了 16 年。后来世界经济不景气严重打击华侨企业，陈嘉庚面对艰难境遇，态度仍很坚定地说："宁可变卖大厦，也要支持厦大。"他把自己三座大厦卖了，作为维持厦大的经费。

陈嘉庚在解放后，不余己力，扩建集美学校和厦门大学，亲自指挥工程进展，检查工程质量，群众称他为"超级总工程师"。

筹措校费

陈嘉庚倾资兴学，他希望有志之士，闻风继起，振我中华。因此虽然企业收盘，但他仍多方筹措校费，艰苦支撑，百折不挠，估计他一生用于办学的款项，约达美金一亿元以上。在他的倡导下，许多华侨纷纷捐资兴学，蔚然成风，影响极为深远。

陈嘉庚不仅是一位教育事业家，而且不愧为一位教育家。在长期办学的实践中，形成了他的教育思想：第一，他提倡女子教育，反对重男轻女。大力倡办女子学校，让女子能上学，这在当时的历史条件下，开了风气之先，是难能可贵的；第二，强调优待贫寒子弟，奖励师范生。他反对办学分贫富，尽力帮助贫寒子弟上学。同时，他非常注意师范生的培养，严格选择和物色师资人才，对于好的加以奖励；第三，讲究教学质量，注意全面发展。陈嘉庚从办学开始，就一直注意"德、智、体三育并重"，强调全面发展；第四，主张"没有好教师，就没有好学校"，强调要确立教师在学校的主导地位，他认为要办好学校，关键在于领导和教师，"千军易得，一将难求"，要提高教学质量，很重要的一条，就是"要选教师"，因此，他十分重视选择校长和教师；第五，为了振兴实业，培养生产技术人才，倡办职业技术教育；第六，要求普及教育，并订下同安"十年普及教育计划"，设立同安教育会和教育推广部。他为教育事业奋斗了一生。

张伯苓

名人简介

张伯苓（1876－1951），现代著名教育家，中国奥运先驱。生于天津，原名寿春，字伯苓。他一生致力于教育救国事业。1904 年，张伯苓赴日考察，回国后将家馆改建为私立中学，定名敬业学堂。1907年，他在天津城区南部的开洼地，建成南开大学堂，此后的 20 年里，他一步一步办起了南开大学、南开女中、南开小学和重庆南开中学。1937 年之前，南开已形成了从小学、中学到大学的完整体系。他提出了"知中国，服务中国"的教育理念，树立了全新的教育目的，即应造就具有"现代能力"的学生。他先后担任校长 40 余年，是公认的"南开之父"。

义救王锡文

1946 年 1 月中旬，天津银行业同业公会会长王锡文以汉奸罪在上海被捕，一时轰动津城。南开校长张伯苓闻讯后，先后致函蒋介石和天津市市长张廷谔，证明王锡文在天津沦陷时期的"守正不屈"。王锡文得以重获自由。

同年 1 月 27 日，张廷谔接到蒋介石密电："据报该市银行公会会长王锡文,为人忠实朴直,在平津沦陷期间守正不屈,近闻有人欲加诬攀。希予注意,以免误会为盼。"

王锡文何许人也,为何惊动了蒋介石亲自出马为其讲情?

王锡文曾留学日本学习金融,1932 年任金城银行汉口分行经理,1936 年任金城银行天津分行经理、天津银行公会会长,1943 年 6 月兼任金城银行总行协理等职。1944 年 3 月 20 日,华北日本军部以查办"天津金融案"为名,将他连同交通银行经理方静如、天津中国银行经理林鸿赉等 10 余名天津银行界人士逮捕,拘押于日本宪兵队。审讯 6 个月后,因证据不足才将王锡文开释。同年 10 月,王锡文避居上海。从此,极少在公开场合露面。

1946 年 1 月中旬,上海警方突然以汉奸罪将王锡文逮捕。因其素来热心公益,曾以天津银行公会名义在南开学校设立奖学金,而且在天津沦陷期间刚直不阿,屡次拒绝与日伪政权合作。张伯苓深知其为人,遂于同年 1 月 28 日分别致函蒋介石和张廷谔。信函称,天津银行公会会长忠诚朴直,热心公益,至老不懈。因我与王君素有往来,故"知之甚稔"。平津沦陷后,他以不合作精神抵抗敌伪,掩护爱国青年,并且南开学校留津工作的校友"亦多承其庇助"。因而曾被日敌宪兵定为反动分子,于 1944 年拘捕入狱,拘押 6 个月后获释。抗战胜利后,才得以"彰其潜行"。

张廷谔经调查得知,王锡文已在上海被捕,但其被捕原因不得而知。1 月 29 日,张廷谔复致电上海市市长钱大钧,请其对王锡文在沪被捕的原因及其详情予以调查,并"希予注意,以免误会"。

2 月 8 日,钱大钧复电称,经查,王锡文于两天前刚刚来沪,稍作逗留后即乘机飞至重庆出席民生公司董事会。据报,王锡文现已抵达四川,寓居在张岳军处。至于所传其被捕一节,查无此事。

得知王锡文人身已得安全，天津方面对其是否曾在上海被捕之事也就未追究。遂于同日复电张伯苓称："王君为人忠诚，自当始终维护。特电复，请释念。"9日，张廷谔与副市长杜建时联名复电蒋介石："本市银行公会会长王锡文，在市府并无人加以诬攀。谨复。"既然王锡文未曾在上海被捕过，天津方面也就否认了王锡文曾在津被人诬攀之事。其目的就是息事宁人。

接到复电后，张伯苓哭笑不得，笑的是友人王锡文重获自由，哭的是上海、天津当局睁着两眼说瞎话。于是，时已从重庆抵达上海的张伯苓遂佯作糊涂地复电天津：当时给您发去的电文，我已经忘记自己说的什么了，烦劳您将原函航寄到上海国际饭店转交给我，以备查复。从这封电报中，我们看到了张伯苓的机智与幽默。

创办南开

1907年秋，南开中学校园内绿荫一片，学生武思平设计的欧式教学楼和袁世凯捐建的慰庭礼堂，矗立其间。夙愿初偿的张伯苓热泪盈眶，激动地敲响了上课的钟声，开启了中国教育史上无比绚丽的一页：南开教育。

在旧中国，南开作为私立学校，办学之难是超乎常人想象的。它不同于国立学校与教会学校，多数经费来源都有赖于私人捐赠。南开中学从蓝图到付诸建设，无一不经过张伯苓的精心筹划。无论是校舍兴建，还是设备购置，他都想方设法节约经费，但在那个军阀混战，政局动荡的年代，他和南开还是常常陷入办学经费竭蹶的艰难处境。

辛亥革命前夜，清王朝的统治摇摇欲坠，以上海和天津爆发的金融物价风潮席卷全国。在这次风潮中，校董严修在上海经营的钱庄也因受到强烈冲击而倒闭，一时间南开学校水费欠资，冬煤告罄，陷入了空前的财政危机。恰逢此时,因为张伯苓坚持"不能为了银子,坏了规矩",坚决把无视校纪的教育界权贵侄子和大盐商之子开除,致使南开经济来源完全断绝,连张伯苓的办公室都没有了烟煤供暖,滴水成冰。

此时,一位名叫约翰的英国牧师,趁此"天赐良机",开价一万银元,想把南开变成教会学校。这个"优厚"的条件让不少南开老师为之心动,鼓动张伯苓答应约翰的要求。张伯苓沉吟良久,站起来语重心长地说,他认为南开大学存在的唯一目的,就是为中华之崛起造就有用之人才,这就是办学的信仰,不能为了银子丧失了信仰,再苦再难南开也要坚持自主办学。他坚定的信念和乐观的态度让在场人员深受鼓舞和感动,校工小五子带头捐钱,连外籍老师也纷纷拿出了支票,为南开筹措经费,解了南开的燃眉之急。这时校董严修雪中送炭,寄来一张 400 元的银票,使得南开得以在艰难中维系,弦歌不辍。

张伯苓自 1904 年创办南开中学以来,到 1917 年学生已满千人,成绩卓著,南开声名远播,海内学子纷纷来校报考。但每当看到毕业生依依不舍地离开学校,他都会为不能给大多数学生提供继续升学的机会而遗憾。社会的需要,使他深刻地认识到:"普通教育仅为国民教育之初步,创办高等学校乃是国家发展的根本大计。"于是他决心向世界上最年轻的国家——美国学习办学理念与方式。

1918 年,42 岁的张伯苓赴美留学。在此期间,他遍游美国各地,考察了许多私立大学的组织和实施。同年年底,张伯苓与严修游美归国。不久便积极筹募经费,由于他殚精竭虑地奔走求告,终获徐世昌、黎元洪等人及天津士绅之助,开始筹划创办南开大学。1919 年春,大学教室在中学南端空地开建,并于当年秋季落成。1919 年 9 月,南开大学举行大学新生入学考试,25 日正式开课。从此在中国大学教育界,又多了一颗耀眼的新星。

旁人看南开的发展似乎顺风顺水，但是谁又能想到张伯苓在筹办大学时屡遭挫折的窘境？学校甚至会因经费无着，不得不暂时停课。尽管他在筹措经费上时遭碰壁，但从不灰心。自始至终，他都本着与人为善、爱人以德的精神，周旋于军、政、官、商各界人士之间，惨淡经营，使南开不但维持下来，并且逐年发展。

张伯苓曾自喻"不倒翁"，谓"非不倒也，倒后能复起也"。正是这种自强不息的精神，使他能够越挫越勇，带领南开昂首阔步向前，迈上了一个又一个新的台阶。

1923年，张伯苓建立了南开女中。接着在1928年，张伯苓又兴致勃勃地在女生校舍对面建筑小学校舍，设立了小学部。为开展学术研究和造就高层次人才，张伯苓又分别于1927年和1932年创办了南开经济研究所和应用化学研究所，从而构成了一个完整的南开教育体系。

经过长期的艰苦创业，南开大学终以优越的学术环境、严谨的训练方针以及崇尚务实的精神驰名南北。但在那个战乱频发的年代里，一所进步的著名学府往往是不为侵略者所容的，一场灾难在劫难逃。

1937年7月底，日军武装进攻天津，侵略军首先侵占和洗劫了南开大学、南开中学、南开女中和南开小学，2/3的校舍被毁，张伯苓苦心经营20多年的南开基业化为灰烬。炸毁南开的日军头目事后叫嚣："没了南开，张伯苓还有什么用？"当时身边一位日本军官冷笑着回答他说："你根本就没弄明白，不是因为有了南开才有张伯苓，而是因为有了张伯苓才有南开，只要张伯苓在，他会建出一个两个甚至三个南开的。"

想到恩师严修和自己一生心血化为一堆瓦砾，张伯苓也曾一时伤痛欲绝。但是"不倒翁"绝非浪得虚名。几天后，这位年逾六旬的老人理发刮脸,精神抖擞地站在中外记者面前宣称:"敌人此次轰炸南开,被毁者为南开之物质,而南开之精神,不会因此挫折,而愈益奋励。"并声言:"南开南开,越难越开,要不了多久我张伯苓就要建一个新的南开。"

时隔不久,教育部决定,南开大学、清华大学、北京大学在长沙开办联合大学。1937年11月,这所诞生在抗战中的特殊大学于长沙借地开学。三校校长张伯苓、蒋梦麟、梅贻琦为常务委员,共主校务。翌年4月,长沙临时大学迁往昆明,改称西南联合大学。此间岁月,南开虽然不再作为一个独立的大学,但是保存了学校的元气,其教育水平也提升了一个新的高度。尤其是三校风云际会,艰苦创业,和衷共济,更是为国家民族培养了一大批杰出的科学人才和革命志士,谱写了中国教育史上的光辉篇章。

1946年,南开大学迁回天津并改为国立。复校后增设学院,加强师资力量,一时学者云集,南开校史翻开了崭新的一页。

张伯苓曾说:"人生当如拉马车之马,左右两眼被蒙着,只许往前走,而前面又是走不完的路!……40多年以来,我好像一块石头,在崎岖不平的路上向前滚,不敢作片刻停。南开在最困难的时候,八里台笼罩在愁云惨雾中,甚至每个小树好像在向我哭,我也还咬紧牙关未停一步。一块石头只要不断地滚,至少沾不上苔霉,我深信石头愈滚愈圆,路也愈走愈宽的。"这段感言,正是张伯苓一生奋力办学、自强不息的真实写照。

吴玉章

名人简介

吴玉章（1878—1966），四川省荣县人。老一辈无产阶级革命家、教育家。年幼时饱览史书，学识超群，有"金玉文章"之誉。1903年，东渡日本，接受民主思想。1912年，中华民国成立，代表蜀军政府出任参议院议员、大总统秘书，协助孙中山建立政权。二次革命失败后，他来到法国，组建华法教育会。1917年回国后，在北京创办留法勤工俭学预备学校，选送留法学生近2000人，其中包括周恩来、邓小平、王若飞、陈毅、聂荣臻等，为中国革命积蓄了人才。1922年，担任成都高等师范学校（四川大学前身）校长，传播新文化思想，组织马克思主义团体。1938年，被选为第一届国民参政会参政员，曾担任延安宪政促进会会长、鲁迅艺术学院院长、延安大学校长、边区政府文化委员会主任等职。1948年，担任华北大学校长。1950年10月3日，中国人民大学成立，吴玉章被任命为校长兼任中央社会主义学院院长。主要著作有《吴玉章回忆录》《吴玉章文集》《吴玉章教育文集》等。

一辈子做好事的人

"一个人做点好事并不难，难的是一辈子只做好事，不做坏事，一贯地有益于广大群众,一贯地有益于青年,一贯地有益于革命,艰苦奋斗几十年如一日,这才是最难最难的啊!"这段话是毛泽东于 1940 年 1 月 15 日在中共中央为吴玉章同志补办 60 寿辰庆祝会上的祝词,他还评价道:"我们的吴玉章同志就是这样一个几十年如一日的人。"

从 20 世纪初开始,吴玉章先后经历了旧民主主义革命、新民主主义革命和社会主义革命三个历史时期,是年龄最大、参加革命资历最老的老一辈无产阶级革命家之一,受到广大干部、群众的衷心爱戴和尊敬。他还是学识渊博的教育家、历史学家、语言文字学家。

20 世纪 50 年代,吴玉章被选为中国教育工会主席。他十分关心和爱护从事教育工作的教师,曾就教师地位问题提出了许多精辟的观点和见解。他经常对教师说:"为了教育别人,教师自己首先应该是德才兼备的人。"他要求教师"不但要有专门的业务和教育科学的知识,而且要锻炼自己的思想品质,提高政治觉悟"。在教育界,他受到广泛的尊敬。他还多次带领教师代表团出国访问,参加国际活动,增进中国教师与国外教师之间的交往和友谊。

1960 年 5 月,吴玉章已是 80 多岁的高龄,他写下一首《自励诗》:"春蚕到死丝方尽,人至期颐亦不休。一息尚存须努力,留作青年好范畴。"他是这样说的,也是这样做的。88 岁高龄的他,还时常登上讲台给中国人民大学师生讲党史。吴玉章把自己的一生献给了革命、献给了教育事业、献给了青年,真正做到了"一辈子做好事"。

陶行知

名人简介

陶行知（1891—1946），安徽省歙县人，中国人民教育家、思想家，伟大的民主主义战士，爱国者。是中国人民救国会和中国民主同盟的主要领导人之一。曾任南京高等师范学校教务主任，继任中华教育改进社总干事。先后创办晓庄学校、生活教育社、山海工学团、育才学校和社会大学。提出了"生活即教育"、"社会即学校"、"教学做合一"三大主张，生活教育理论是陶行知教育思想的理论核心。著作有《中国教育改造》、《古庙敲钟录》、《斋夫自由谈》、《行知书信》、《行知诗歌集》等。

陶行知先生的四块糖果

陶行知先生当校长的时候，有一天看到一个男生用砖头砸同学，便将其制止并叫他到校长办公室去。当陶校长回到办公室时，男孩已经等在那里了。

陶行知掏出一颗糖给这位同学："这是奖励你的，因为你比我先到办公室。"接着他又掏出一颗糖，说："这也是给你的，我不让你打同学，你立即住手了，说明你尊重我。"

男孩将信将疑地接过第二颗糖，陶先生又说道："据我了解，你打同学是因为他欺负女生,说明你很有正义感,我再奖励你一颗糖。"

这时,男孩感动得哭了,说:"校长,我错了,同学再不对,我也不能采取这种方式。"陶先生于是又掏出一颗糖:"你已认错了,我再奖励你一块。我的糖发完了,我们的谈话也结束了。"

陶行知喂鸡

有一次,陶行知先生在武汉大学演讲。他走向讲台,不慌不忙地从箱子里拿出一只大公鸡。台下的听众全愣住了,不知陶先生要干什么。陶先生从容不迫地又掏出一把米放在桌上,然后按住公鸡的头,强迫它吃米。可是大公鸡只叫不吃。怎么才能让公鸡吃米呢?他掰开公鸡的嘴,把米硬往鸡的嘴里塞。大公鸡拼命挣扎,还是不肯吃。陶先生轻轻地松开手,把鸡放在桌子上,自己后退了几步,大公鸡自己就开始吃起米来。这时陶先生开始演讲:"我认为,教育就像喂鸡一样。先生强迫学生去学习,把知识硬灌给他,他是不情愿学的。即使学也是食而不化,过不了多久,他还是会把知识还给先生的。但是如果让他自由地学习,充分发挥他的主观能动性,那效果一定好得多!"台下一时间掌声雷动,为陶先生形象的演讲开场白叫好。

一首歪诗的风波

育才学校音乐组的壁报《小喇叭》又一期出刊了。壁报前人头攒动,越涌越多。一定有一两篇有水平的作品发表了,同学们边看报、边议论,外围的人向里挤,里面的人不愿让,有人建议:"读一下,读一下吧!"只听得一个油腔滑调的声音开始朗诵了:"人生在世有几何?何必苦苦学几何。学习几何苦恼多,不如学习咪嗦哆!"歪诗不胫而走,传遍了全校,引起了争论,多种评价,褒贬不一。

陶校长知道了此事,也观看了小诗。次日,陶校长邀请小作者促膝谈心,和作者研究人生与数学的密切关系。从吃饭、穿衣谈到音阶频率的振动,直到国家大事,哪一件都少不了数学,离不开数学。因此,人人要学数学,数学对人们就像空气、水分、阳光、营养品一样重要。小作者听到陶校长的谆谆教导,连连点头说:"校长,我这下真的明白了你为什么要我们把学好语文、数学、外语、科学方法论这四门功课作为开启文化宝库的'四把钥匙'的道理。我检讨……"陶校长马上接过话头说:"现在我们是民主讨论,你能认识问题,提高思想,就是进步。"小作者连连点头说:"我们音乐组不少同学都有这种思想,让我去说服他们!"

陶校长眯着双眼放心地说了一句:"好啦!我们今天的民主探讨到此结束。"

拆表的故事

有一天,一位朋友的夫人来看陶行知先生。陶先生热情地让她坐下,又倒了一杯茶给她,问道:"怎么不带儿子一起来玩?"

这位夫人有点气乎乎地说:"别提了,一提就叫我生气。今天我把他结结实实打了一顿。"

陶先生惊异地问:"这是为什么?你儿子很聪明,蛮可爱的哩!"

朋友的夫人取出一个纸包,里面是被拆得乱七八糟的一块手表。这表成色还很新,镀金的表壳打开了,玻璃破碎,连秒针也掉了下来。她生气地说:"陶先生,这表是才买的,竟被我儿子拆成这样,您说可气不可气!他才七八岁,就敢拆表,将来大了恐怕连房子都敢拆呢!所以我打了他一顿。"

陶先生听了笑笑说:"坏了,恐怕中国的爱迪生被你枪毙了!"

夫人有点愕然:"为什么呢?难道我这样做不对吗?"

陶先生摇摇头。

夫人又接着问:"陶先生,您是大教育家,您说对这样的孩子该怎么办呢?"

陶先生把拆坏的表拿过来,对夫人说:"走,我们上你家去,见见这个小'爱迪生'。"

到了朋友家里,陶先生见到那个孩子正蹲在院子的大树下,聚精会神地看蚂蚁搬家。夫人一见又来了气,正要骂他,陶先生立即劝住了。

陶先生把孩子搀起来,搂在怀里,笑嘻嘻地问:"你为什么要把妈妈的新表拆开来呢? 能告诉我吗?"

孩子怯生生地望了妈妈一眼,低声说:"我听见表里的嘀嗒嘀嗒的声音,想拆开看看是什么东西在响。我错了,不该把手表拆坏,惹妈妈生气。"

陶先生说:"想拆开看看是什么东西在响,这没有错。但你要跟大人说一声,不能自作主张。来,你跟我一起到钟表店去好吗?"

孩子又望望妈妈,说:"去店里干什么?"

陶先生说:"去看师傅修表啊,看他怎么拆,又怎么修,怎么装配,你不喜欢吗?"

孩子高兴地跳起来:"我去! 我去!"

陶先生拿着那只坏表,带着孩子一起到了一家钟表店。修表师傅看了看坏表,说要一元六角修理费。

陶先生说:"价钱依你,但我带着孩子看你修,让他长长知识。"师傅同意了。

陶行知和孩子站在旁边,满怀兴趣地看师傅修表。看他怎样拆开,把零件一个个浸在药水里;又看他加油后,把一个个零件装配起来。从头到尾,整整看了一个多小时。全部装好后,师傅上了发条,表重新发出清晰的嘀嗒声。孩子高兴地欢叫起来:"响了,响了,表修好了!"

陶先生临走又花一元钱买了一只旧钟,送给孩子带回去拆装。孩子连声说:"谢谢伯伯!谢谢伯伯!伯伯真好!"

陶先生把孩子送到家后,孩子立即跳呀蹦呀地跟妈妈说:"妈妈,伯伯买了一只钟,让我学习拆装呢!"

那位朋友的夫人不解地问:"还让他拆啊?"

陶行知笑笑说:"你不是问我对这样的孩子该怎么办吗?我的办法是,把孩子和表一起送到钟表铺,请钟表师傅修理。这样修表铺成了课堂,修表匠成了先生,令郎成了速成学生,修理费成了学费,你的孩子好奇心就可得到满足,或者他还可以学会修理哩。"

陶先生停顿了一下,接着说:"孩子拆表是因为好奇心,孩子的好奇心其实就是一种求知欲,原是有出息的表现。你打了他,不是把他的求知欲打掉了吗?与其不分青红皂白地打一顿,不如引导他去把事情做好,培养他的兴趣。中国对于小孩子一直是不许动手,动手就要打手心,往往因此摧残了儿童的创造力。我们应该学习爱迪生的母亲,那么理解、宽容孩子,那么善于鼓励孩子去动手动脑,这样,更多的'爱迪生'们就不会被打跑、赶走了。"

夫人听了恍然大悟,她不好意思地笑了一下,诚恳地说:"陶先生,您说得对,太谢谢您了,我今后一定照您的办法去做。"

拜人民为老师

陶行知身为高等学府的教授、全国著名的教育家,却没有一点架子,时时注意拜普通的劳动人民为老师,他是知识分子最早和劳动人民相结合的先驱,更是我国千百万教师的楷模。

早在创办晓庄师范学校的时候,陶行知就提出了"生活即教育"、"社会即学校"和"教学做合一"等理论,教导师生们与劳动人民相结合,"教人民进步者,拜人民为老师"。

作为教育家,陶行知随时随地都在践行教育。山海工学团刚成立的时候,烧香拜佛的红庙成了教室,农民的孩子有了读书的地方,却没有桌椅。每次上课的时候,同学们都自带凳子,有大有小,高低不一。一星期以后,陶行知请来木匠师傅,木匠师傅性格内向,他闷头不做声,一天能做好几个凳子。陶行知走过来,看见木匠师傅满身是汗,就递给他一杯水,说:"我们不是请你来做凳子的。"

木匠抬起头,疑惑地望着先生:"那叫我来做什么?"

"我们是请你来做'先生'的。"

"我可不识字。"木匠慌了。

陶行知笑着说:"我是想请你来教学生做木工的。你如果教会一个人,就可得一份工钱。如果一个也没教会,那么就算你把所有的凳子全做好了,还是一文工钱也拿不到。"木匠露出十分为难的神色。陶行知亲切地说:"不要紧,你不识字我们教你。我们不会做木工,拜你为先生。我第一个向你学。"说着,陶行知拿起一把锯,对准木板上画好的线就"吭哧吭哧"地锯起来。

第二天,学校的空地上摆放着木匠工具,老师带着孩子们来学做凳子。有个小朋友嘟囔着说:"我们是来读书的,又不是来做木匠的。"一位家长看见孩子拿起工具,不小心就很容易弄破手,也皱起眉直摇头。这时,陶行知笑着说:"我有一首诗读给大家听听:'人生两个宝,双手与大脑。用脑不用手,快要被打倒。用手不用脑,饭也吃不饱。手脑都会用,才算是开天辟地的大好佬。'你们看写得如何?"小朋友都拍手说好,那位家长也不好意思地笑了。

从此以后,孩子们每天都学做凳子,不仅如此,他们还争先恐后地当起了"小先生",教木匠师傅认字。3个月后的一天,教室里的50个孩子,都坐上了自己亲手做的凳子。讲台上还有孩子们自己制作的杠杆、滑车等玩具和仪器。家长们挤在窗口、门外,信服地点头叫好。陶行知站在讲台前,念起了一首刚写好的诗:"他是木匠,我是先生。先生学木匠,木匠学先生,哼哼哼,我哼成了先生木匠,哼哼哼,他哼成了木匠先生。"孩子们一起望向坐在他们身边一起听课的木匠,大家都会心地笑了。

姚文采是陶行知的同乡,陶行知请他到晓庄学校教生物课。第一次上课,陶行知就让他先把书本摆到一边去,要"随时教育、随地教育、随人教育"。姚老师教了10多年生物课,从来没有不带书本去上课的时候,他弄不懂陶行知是什么意思。傍晚,他看见陶先生与两个"蛇花子"在亲热地交谈。陶先生和那两个人谈完话,就叫学生领他们去洗澡,然后告诉姚文采:"这是我从南京夫子庙请来的两位老师,来教大家捉蛇。晓庄附近有许多蛇,经常咬伤人,让'蛇花子'来教大家捉蛇,你看怎么样?"姚文采没说话。"蛇花子"开始为晓庄师生上生物课了,课堂就在山里。几天以后,最胆小的女孩子也敢捉蛇了,她们说:"只要击中要害,蛇并没有什么可怕呀!"大家还懂得了蛇没有脚为什么跑得快,蛇没有耳朵怎么听得见声音,以及蛇是老鼠的克星等知识。姚老师终于理解了陶先生的用心。他带领学生采集标本;把挖草药的老农请来教认草药;请种花木的花匠来教种植花木的方法;请中国科学社的专家来教怎样辨别生物科别及定学名。晓庄附近的花草树木都挂起了学名牌,生物课从此上得生动活泼。

刘仙洲

名人简介

刘仙洲(1890－1975)，机械学家和机械工程教育家，中国科学史事业的开拓者。长期从事农业机械的研究工作，对发展适合我国国情的农业机械做出了贡献。在教育上，倡导"工读协作制"的教育思想，自编我国工科大学第一套教科书，首先进行了我国机械工程名词统一工作。1955年选聘为中国科学院院士(学部委员)。

清华大学的教学作风素以严格认真著称，而刘仙洲正是体现这种教学作风的代表。至今，在清华大学还流传着许多有关刘仙洲教学作风的故事。

刘仙洲每周担负十二小时讲课任务，从不迟到，从不轻易缺课，经常做到全年一课不缺。他总是天一亮就起床备课，遇有比较复杂的图，就提前来到教室，先在黑板上画好，甚至在前一天晚上就去教室画好，而且尽量用不同颜色的粉笔画，以求层次分明。看到老师这样认真，学生都没有无故迟到或缺课的。

刘仙洲非常讲究教学法，课程内容联系实际，组织严密，深入浅出，通俗易懂。他讲起课来，一、二、三、四，条理清晰，很好做笔记。每门课应讲的内容,都能按时讲完,不落进度。他的黑板字也极其工整,就像刻蜡纸一样。在老师的影响下,学生的笔记也都记得很好。许多学生觉得"f"这个字母老师写得非常漂亮,纷纷学着写,有的至今还保持着这种"刘体"的写法。

　　刘仙洲对自己教学生活的安排很有规律,每天干些什么,什么时候干,都有条不紊,甚至每天散步也有一定规律。有一次,门卫看到刘老突然改变往日的散步路线,折往另一条路去,就奇怪地问:"您照例是要出校门散步的,今天怎么改了?"他说:"今天忘戴校徽了。"刘仙洲律己以严,对学生也严格以求。布置作业时,明确规定纸张规格、作图比例、中心线的位置、各种线条所使用的颜色,甚至对各种线条的粗细也有要求。用计算尺,必须准确到三位数,否则打"×"。有个学生计算飞轮的半径,把小数点错移一位,1.2 英尺变成了 12 英尺。刘仙洲发现后,当场把这个学生叫起来,问道:"这间教室有多高? 你的飞轮单是半径就 12 英尺,那么你的机器在一般厂房里怎能搁得下?"接着,他花了一刻钟的时间讲话,反复强调理论联系实际和训练严格作风的重要性,使全班学生深受教育。

杨贤江

名人简介

杨贤江（1859－1931），浙江省余姚市人，是中国最早的马克思主义教育理论家，他创造性地提出"教育起源于人类实际生活需要"的论断，深刻分析教育这一上层建筑的特点以及与经济、政治的辩证关系。他运用马克思主义教育理论，对当时流行的"教育中正说""教育独立说""教育万能说"等进行了批判，这对于确立马克思主义教育理论阵地具有重大意义。杨贤江以他在教育理论上的开拓性见解和卓越建树，无可争辩地确立了作为中国无产阶级教育理论先驱者的地位。

求学之路

浙江省云和县在余姚市北部，北濒杭州湾，原是一片盐碱荒芜之地。明清年间，这里渐渐发展成一个草帽编织业发达的集镇。1895 年 4 月，杨贤江诞生在这片海地棉乡——杨家村一个清贫的成衣匠之家，开始了他极其短暂却又无比绚烂的一生。

杨贤江的父亲杨树芳，以裁缝为业，母亲方氏，常年纺纱织布，并种植蔬菜出卖,以补贴家用。杨贤江下有三弟两妹,因是长子,父母便节衣缩食供其读书。杨贤江自七岁入学便一直勤奋好学,从村塾到溪山初等小学、县立诚意高等小学,再到浙江第一师范学校,他处处学习勤奋,成绩优异。

1910年,14岁的杨贤江从余姚郑巷奚山初等小学堂转学到余姚泗门镇诚意高等小学堂读书,16岁以优异成绩毕业。因品学兼优,被留在母校任教。当时,父亲杨树芳因生活拮据,希望他安心做个小学教师,一起担负起养家糊口的重任,但他一心向学,想要继续深造,最后终于说服父亲,于1912年考入膳食全免的浙江省立第一师范学校(简称浙一师)。

浙一师是当时浙江颇负盛名的学校,校长经亨颐是位富于政治远见、锐意进取、与时俱进的教育家,也是"五四"时期浙江新文化运动的重要人物,有"蔡元培第二"的美誉。他延揽了李叔同、夏丏尊、胡公冕等一批思想进步而且教学认真的爱国学者,使浙一师一时名师荟萃。在这些名师熏陶下,年轻的杨贤江立下了教育救国的鸿鹄之志,更加刻苦攻读。他坚持每天早上抽出时间朗读英文,由于他能够持之以恒,进步十分显著,入学第三年便能顺利阅读英文书报,还开始翻译写作关于新教育的著作,并经常向商务印书馆出版的《学生杂志》投稿。1915年他在《学生杂志》上发表了五篇文章,其中《我之学校生活》作为杂志的特别征文,取得了第一名的好成绩。文章里除了进一步阐发他对主动学习的见解外,突出提到了德智体三育兼备的思想,认为"必兼有三育,融合精彻,始能成完人"。除了学好学校规定的全部功课以外,他还在课余跟从夏丏尊先生学会了日文。浙一师的藏书楼有很多日文书,大多都被他翻阅过,他的勤勉很受夏先生赞赏,也换来了丰硕的回报——到毕业时,他已经能够十分准确流畅地翻译日文著作了。

1917年夏,杨贤江在浙一师以优异成绩毕业,他对教育事业执著的追求和干练的工作能力,颇受校长经亨颐赏识。为此,经亨颐大力向南京高等师范学校举荐杨贤江,使他毕业后迅速接到了该校的聘书,成了这所高等学府的职员。入校工作后,他仍抓住一切时间与机会发奋学习,不但旁听了教育学、心理学等课程,还参加商务印书馆举办的英文函授学习。期间,他与恽代英相识,建立通信关系,成为挚友。

立志救国

1919年5月,北京学生掀起了反帝反封建的五四运动,这股浪潮迅速席卷全国,南京高等师范学校的学生也举行了声势浩大的游行活动,杨贤江跟师生们一起高呼:"还我青岛! 勿做亡国奴。"并沿途散发传单。在这股浪潮的冲击下,杨贤江接触了大量新思想新学说,对社会问题的思考与认识达到了一个新的高度。运动的高潮刚刚平静下来,他便对这场亲身经历的运动做了冷静的分析总结,撰写发表了《新教训》一文,引起全国知识界的关注。在五四运动中,杨贤江也结交了大批仁人志士,同年8月,经邓中夏介绍,他参加了李大钊等人发起的以改造社会为宗旨的"少年中国学会",并被推选为南京分会书记。

1920年8月,他受聘去广东肇庆任高要县国民师范补习所教务主任,并讲授教育学、教育史、心理学、伦理学等课程。原本期望可以在教育领域一展拳脚,但事与愿违,到肇庆后正值粤桂军阀混战,兵荒马乱,补习所和其他学校都无法开学。他被困"愁城"50多天,亲眼目睹了军阀的种种暴行,使得他多年来谋图教育救国的信念受到巨大冲击。杨贤江在写给同学的信中无比沉痛地说:"我从四千里外,专程到此,终算冒了个险……唯一念及教育前途,则不禁恻然耳。"

1921 年 2 月初,就在杨贤江对国家前途、个人事业彷徨之际,他意外地接到了上海商务印书馆《学生杂志》主编朱元善的邀请信。他欣然前往上海,担任《学生杂志》编辑。

同年 10 月,杨贤江进入商务编译所。当时,这里聚集了沈雁冰、胡愈之、郑振铎、董亦湘等一批具有初步共产主义思想的知识分子和思想活跃的进步青年,在此熏陶下,杨贤江如饥似渴地钻研马克思主义,探求革命真理。1922 年 5 月,经沈雁冰和董亦湘介绍,杨贤江加入中国共产党,从教育万能论者与民主主义者转变成为具有坚定信仰的共产主义者,完成了他人生的一个重大转折。

杨贤江"口演笔述"的读书方法

杨贤江求学时很注重读书的方法。他曾说:"读书之后,宜口演笔述则所得更多。因吾人读书,虽似已明意义,而往往尚未实在贴切,必向人述说所读者,而后所通晓者方不致模糊,亦不能错乱。"就是说,我们读书之后,往往总是觉得已弄清了书中的内容,而实际上并没有真正搞清楚,这就需要向别人讲一讲自己所读的书,通过一讲,对书中内容的印象也就清晰了、深刻了。

杨贤江还介绍了口演笔述的方法。他说:"其法可立一读书社,此社以七人至十二人为度,每星期一次会集,各人先约定读书一种,聚会期,则请一二人陈说:所读书之内容大概,长短所在,并及著书者之生平,成书之略史。以次轮流,周而复始。"

几个同学好友定期在一起谈谈自己读书的情况,的确是个好办法。

如果独处,也有办法的,杨贤江接着说:"至如乡居僻处之士,独学无友,可以笔录之法代之。即每阅一书既竟,则述其大旨与长短,作为序或跋一首,录之于册。有所评论,不妨随意记之,以为后日比较自己学识讲退之证。古人所著读书记,皆是此例。"

杨贤江和读书社的同学一起谈读书情况

叶圣陶

名人简介

叶圣陶（1894—1988），江苏苏州人。著名作家、教育家、编辑家、文学出版家、社会活动家。1912年中学毕业后，因家境清贫，在小学当教员。"五四"运动前，参加了新文学社团"新潮社"。1917年，回到家乡小学教书。1918年，发表了第一篇白话文小说《春宴琐谭》。1921年，曾先后在上海、杭州、北京的中学和大学任教，与沈雁冰、郑振铎等发起组织"文学研究会"，与朱自清等人创办新刊物《诗》，出版了中国现代文学史最早的童话集《稻草人》和小说集《隔膜》《火灾》等。1923年，叶圣陶进入商务印书馆，担任小学教科书编辑，并主编《小说月报》。1930年，他转入开明书店，继续从事编辑出版工作，他主办的《中学生》杂志是20世纪三四十年代最受青年学生欢迎的读物。"九·一八事变"后，他参加发起成立"文艺界反帝抗日大同盟"，抗战期间，他迁往四川，先在中学、大学任教，后继续从事开明书店编辑工作。1949年，叶圣陶到达北平，担任华北人民政府教科书编审委员会主任。新中国成立后，担任教育部副部长、人民教育出版社社长、总编辑、中华全国文学艺术界联合会委员等职。著作编为《叶圣陶文集》《叶圣陶论创作》《叶圣陶语文教育论集》《叶圣陶教育文集》等。

教,就是为了达到不需要教

叶圣陶所提出的语文教育思想的精髓如果用一句话来加以概括,那就是他经过半个世纪的思考而总结出来的"教是为了达到不需要教"。

叶圣陶先生身体力行,在"教"这一环节上付出了非凡的劳动,也焕发出异常的光辉。

他有两个儿子一个女儿,分别起名至善、至美、至诚,其实就是希望下一代人具备完美的人格。

有人问长子叶至善小时候叶老是怎样教授他作文的。他说:"不怎么教的。"原来,叶老从不给孩子教授作文入门、写作方法之类的东西。他只要求孩子们每天要读些书,至于读懂点什么,悉听尊便。但是读了什么书,读懂点什么,都要告诉他。

除此之外,叶老还要求孩子们每天要写一点东西。至于写什么也不加任何限制,喜欢什么就写什么。比如:花草虫鱼、路径山峦、放风筝、斗蟋蟀、天上飞的、地上爬的、水里游的,听人唱戏、看人相骂……均可收入笔下。

叶圣陶在为《中学语文》复刊题词时这样告诫老师们说:"我想,教任何功课,最终目的都在于达到不需要教。假如学生进入这样一种境界,能够自己去探索,自己去辨析,自己去历练,从而获得正确的知识和熟练的能力,岂不是就不需要教了吗?而学生所以要学要练,就为要进入这样的境界。"

叶圣陶主张:"教育者要教会学生自己学习的本领,让他们知道自己学习一辈子,一辈子受用不尽。"叶圣陶自己本身从文,在文字方面的造诣极深,他从不认为死记硬背是最好的教育方式,而是更倾向把培养学生的良好习惯看成是语文教育的本旨。他认为:"语言文字的学习,就理解方面说,是得到一种知识;就运用方面说,是养成一种习惯。这两方面必须连成一贯,就是说,理解是必要的,但是理解之后必须能够运用,知识是必要的,但是这种知识必须养成习惯。语言文字的学习,出发点在'知',而终极点在'行',到能够'行'的地步,才算具有这种生活的能力。"

跟学生做朋友

作为一位杰出的教育家，叶圣陶是十分受学生们欢迎的。在苏州一所小学当教师时，他给自己提出了一个准则："我要做学生的朋友，我要学生做我的朋友。"

叶圣陶给学生讲课，常讲小故事、小童话，学生特别爱听。他在校园里种花、种草，美化环境，给学生创造优美的学习环境。他对学生，无论是聪明好学的，还是调皮捣蛋的，衣着干净的，还是不讲卫生的，都一样和蔼，一样亲热。刚刚成为教员时，叶圣陶的年龄只有18岁，而学生都是十一二岁的，叶圣陶长得比较瘦小，和学生差不多高，可学生们都喜欢他，尊敬他。

后来，他到上海的一所小学当教师，这里教学气氛好些，一些教师思想比较新，和叶圣陶在一起相处得很好，大家一起想办法活跃学生的生活。学校成立了"少年书报社"，鼓励学生多读课外书。叶圣陶发动教师捐助，买了一些书籍报刊，办起了阅览室，请高年级学生当管理员。每当学生来借书，叶圣陶就发给他们一张调查表，请他们写上姓名、年级、日期，还要写读书心得。叶圣陶从表上来了解学生们读书的情况，再进行讲评、辅导，使学生越来越爱读书。

教科书的故事

1948年11月，身在国民党统治区的叶圣陶接到中国共产党的邀请，请他到解放区去。叶圣陶欣然接受了邀请，秘密来到解放区。

这时，人民解放战争节节胜利，解放区的面积不断扩大，全国解放已指日可待。解放了的地区需要发展教育，需要办学校，需要有课本。中国共产党请叶老到解放区来就是请他编课本，编出宣传革命思想的好课本，编出培养新中国建设者的好课本。

当时的叶圣陶，已是年过半百，但当他接到任务后，却是异常的激动。20多年前，他就想编一套好的教材，推动中国的教育事业，但是每次刚编出一些，就遭到反动势力的打击、压制。现在，他终于等到机会了！

当时，中学、小学有 12 个学年，每个学年有两个学期，而且每个学期都要有语文、数学课，另外还要有历史、地理、化学、物理等多门学科。

接到任务后，说干就干，他提出一个响亮的口号："解放军打到哪里，教科书就送到哪里！"

叶圣陶自组编委会，亲自挑选干部，制定提纲，确定编写原则，组织人员编写、审定。

叶圣陶对语文教材内容很重视，绝不能让有关反动思想的文章编进教材毒害中小学生。他组织了四个精明强干的编写组，来编写小学、初中、高中、大学一年级的语文课本，编出一套全新的、革命的语文教科书。

初稿写出来后，叶圣陶要求各组开会，一篇一篇、一字一句地读出来，叶老亲自听，同时，还邀请专家们听，听听内容好不好，语言好不好，适合不适合学生接受？

如果发现有的课文不好，一时又找不到合适的，叶圣陶就自告奋勇地说："我来写一篇。"他白天上班，和大家一起开会、研究工作，晚上就连夜写出一篇，第二天上班就读给大家听。

编写课本的工作进展很快。1949 年 8 月，初小、高小、初中、高中的语文课本由新华书店发行了，9 月，大学的语文课本也发行了。新中国的大、中、小学教科书，和新中国一起诞生了。

作为当时一位蜚声海内外的作家，能亲自执笔为少年儿童撰写成套的语文课本，如果不是对教育下一代有高度的责任感和深厚的爱，谁能够做到呢？很多人都被叶圣陶那热爱教育事业，热衷培养新中国建设者的精神深深地感动着。

新中国成立后，叶圣陶负责主管教科书的编写工作，后来，他当了教育部的副部长，仍然主管教科书的编写工作。

课文是中小学语文课本的主干部分，决定着课本的质量，叶圣陶非常严谨，他首先关注的是选文，他提出选取的课文要教师乐教，学生乐读，要做到这一点，选者必须先"心焉好之"。他还指出选文要"一册之中无篇不精"，篇篇都含有高营养成分。

不仅如此，作为文学家的叶圣陶对文字加工的见解也十分缜密和精当。在编写过程中，每篇文章都要经过编辑人员的推荐和集体讨论，再由室主任审定，最终送叶老审定，要求字体工整，连一个标点符号也不能马虎。

关于课文的选取，他认为"绝不宜问其文出自何人，流行何若，而唯以文质兼美为准"。这一点，叶老的实践也是楷模，在入选的课文中，诸如朱德、郭沫若的诗文都曾进行过修改。此外，叶圣陶对于语文教材的注解和练习也提出了十分重要的意见：一是要从教学的实际出发，为师生着想；二是要着眼于启发学生的思辨，使学生能举一反三；三是要从全局着眼，统筹安排。

坚决反对应试教育

自从走上讲坛的第一天起，叶圣陶即开始探索教育的革新，终生不懈。晚年时期，他坚决反对应试教育，如今，素质教育终于被提上了重要的议事日程，他若在九泉之下有知，也一定会欣然含笑的。

1986 年，《中国青年》杂志刊发了一篇文章《来自中学生的呼声》，反映学校为片面追求高升学率，令学生承受高负荷学习压力的现象，引起叶圣陶的高度重视。为此，他公开向全国发文呼吁。在这篇长达 2000 多字的文章里，90 岁高龄的叶老难以掩饰内心的激动。他说："片面追求高升学率造成的不良影响我不是不知道，但是没想到影响竟这样严重。"为此，为中国的教育体制深感忧虑的叶老还礼貌地"请"来了各路教育界人士，包括：各级教育行政当局、教育部的领导、各省、市、自治区的教育局领导、大专院校领导和教职员、小学的领导和教职员、中学的领导、学生的家长们、各种报刊的编辑、出版社的编辑，等等，无不体现了他一腔赤诚之心，一番情真意切，他的"爱护后代就是爱护祖国的未来"让无数人动容。此文一出，各级教育部门领导纷纷明确指示，要改变应试教育为素质教育。

这就是一辈子献身教育，一辈子热心教育的叶圣陶。如此求真、务实、高洁、无私，怎能不令人肃然起敬！

陈 垣

名人简介

陈垣（1880－1971），从事教学工作长达74年的著名教育家。广东新会人，字援庵，笔名谦益等。他毕生致力于教育事业，先后担任过幼儿园、小学、中学、大学老师和校长。1926年至1952年担任北京辅仁大学副校长、校长。院系调整后，任北京师范大学校长，直到1971年逝世。他担任大学校长期间，重视国文教育，注重培养学生的人文素养，坚持把"发展中国固有文化"作为办学的核心，对广大青年学者热心传授，影响深远，桃李满天下。他还创立了不少新课程，沿用至今。毛主席曾盛赞他为"国宝"，北京师范大学学生对他孺慕情深，亲切地称他为"老校长"。

尝试教育救国

19世纪下半叶，在时代风云激荡中，国力不第的晚清，教育界却大师辈出。1880年，在一代著名学者梁启超的故乡广东新会，又诞生了一位教育大家，他就是从事教育长达74年之久的陈垣。

陈垣年少时，就经常听闻列强肆意侵略中国，迫使清廷割河山赔巨款，签订名目繁多的不平等条约。列强的种种野蛮行径深深震撼与刺痛了他幼小的心灵，也让他深深认识到清政府的腐败无能，从此埋下了报国救民的思想。

　　陈垣第一次走上讲坛年仅 18 岁,还在学馆求学的陈垣,由于文章做得好,被邻里请到一家蒙馆教书,他与教育事业 70 多年的缘分就此开始了。此后的将近 10 年的时间里,热血青年陈垣满怀变革社会的激情,积极投身于推翻清朝统治、建立共和的革命。其间,他曾先后在家乡新会的篁村小学与广州振德、义育两所中学任教,渐渐从旧式学馆的学生成长为行为新派的老师。

　　1907 年,时值西医初创,陈垣怀着科学救国的思想,考入美国博济医学院学习。次年,他因不堪忍受博济医学院的美籍教师歧视、诬蔑中国师生,愤而与友人集资另创光华医学院,自己也转学到光华继续学习。有了教育不振而让国人蒙羞的切肤之痛,陈垣渐渐萌生了教育救国的思想。从此之后,他学习愈加勤奋,从事教育更是不遗余力。1909 年,为使自己学业更加精进,他利用暑假奔赴日本,访求医学史的书籍,探寻医学的真谛。次年,他在光华医学院毕业,后留校任教,讲授生理学、人体解剖学等课程,传授先进的医学知识。在医学院任职期间,陈垣除了仍旧撰写时论文章外,还撰写大量宣传创办学校、发展教育等方面文章,如提倡兴办女学、普及卫生知识等。

　　1920 年,华北大旱,赤地千里。当地有大量农民携儿带女逃进北京,居无住所,只得流落街头,致使很多孤儿无家可归,缺衣少食,一眼望去,满目凄凉。陈垣看到这种惨状,内心十分不忍,便与朋友们商议,创办一所名为"北京孤儿工读园"的学校,收留并教育孤儿,让他们有容身之所,且不至于因为过早在社会上厮混而步入歧途。学校建成后,陈垣出任园长,并负责教务。陈垣不但充分体恤孤儿,免去其食宿费,还充分考虑他们个人发展。为使得孤儿们离园之后可以找到工作,自食其力,北京孤儿工读园采用半工半读的教学模式。孤儿入园后,上午学文化,下午学技术。园内设有印刷、装订、刻版、木工、铁工、缝纫、刺绣等组，孤儿们按年龄大小参加各组学艺，掌握劳动本领。陈垣还专门为该园撰写了对联，联文是："无私蓄、无私器，同惜公物；或劳心、或劳力，勿作游民"，并悬挂于校门，作为师生做人的准则。

陈垣就像一颗蜡烛，怜悯苍生、挚爱教育之心一旦点燃，只会马不停蹄地发出更多的光亮。同年9月，陈垣又与友人创办"平民中学"（今北京市第41中学前身），所招收的学生中，除小学毕业生外，大部分都是灾区青年。学校不但免去学生的学杂费，还对清寒学生进行补助。作为校长的陈垣，在发展平民教育事业上可谓是倾尽所有。此外，他还亲自任教，讲授国文、中国文学史、生理学、人体解剖学等课程，踏实苦干地奋战在教学第一线。

一心思谋教育救国的陈垣，除了倾尽心力发展平民教育外，还在教育部谋职，满怀热望期待通过政治途径做些实事，对国家教育事业提供力所能及的帮助。1921年，陈垣任教育部次长，代理部务。当时军阀混战，民不聊生，北京各高校已有数月、甚至一两年发不出工资，致使各院校职工生活无着。其中有8个院校不堪忍受生活重压，联合到教育部"索薪"请愿，陈垣认为教师职位本就清苦，不能枵腹教书。但是苦于部中也没有充足的资金可以拨付，自认责无旁贷的陈垣不辞劳苦地各方奔走联系，最终在交通部争取到一笔款项，补发了部分拖欠的工资，解了各院校教职工燃眉之急。时隔不久，政府又拟撤裁教育部的附属机关。陈垣据理力争，上书说："附属机关，不过十处，每月开支甚微，且所管多是平民教育的调查，教育材料的采集，以及有关社会教育等，大都是关系教育前途的事。"他还曾在报纸上公开发表声明，"教育一事，应逐年扩张，因困于经费，不能如愿，已属抱歉，万不能再为缩小范围"，坚决抵制裁撤教育部的附属机关。

践行爱国主义教育观

爱国主义是陈垣教育思想和教育实践最重要的组成部分。在他的观念里，爱国是衡量一个人品格最重要的尺度。他曾在其著作《通鉴胡注表微·边事篇》里，表达过这样的观点：一个人缺点再多，"苟不戕贼祖国，君子所不弃也"，把爱国提到了至高无上的地位。

陈垣是其爱国主义观最坚定的践行者，尤其是在八年抗战那个风雨如晦、朝不保夕的年代，他始终是一身铮铮傲骨，笑傲敌伪的威逼利诱，为国人尤其是广大青年学子树立了光辉的榜样。

抗战期间，身为史学大家的陈垣通过大量史学著述，斥日寇、责汉奸，砥砺气节，激扬士气。他在《通鉴胡注表微·夷夏篇》中说："是知习俗易人，久而忘本，甚矣，边疆之不可长沦于敌也！"提醒国人对日本推行淡化民族意识的奴化教育，要始终保持高度的警惕。

除了拒不接受日伪推行的奴化教育，保持独立办学维护国家尊严外，陈垣还利用一切可利用的机会对学生进行爱国主义教育。他经常利用上课、集会等机会宣传爱国思想。他以"抗清不仕"的顾炎武的《日知录》和表彰抗清英雄的全祖望的《鲒亭集》为授课教材，其目的就是要讽今喻世，鞭笞背叛民族的丑恶行径，激发同学们的爱国热情。

1942年4月，辅仁大学举办体育运动大会。开幕典礼上，伪教育的体育部门的官吏不请自到。陈垣深恨这些民族败类玷污体育盛会，决计将他们赶出去。于是就在开幕词中讲了孔子举行射箭比赛的故事，借此辛辣嘲讽那些为虎作伥者。据《礼记·射义》记载，孔子为提倡学射以强身报国，组织弟子开了个射箭运动会。这天来观光的人很多，孔子高声宣布："凡败军之将、降敌败类、见利忘义者，不得滞留场上。"一些人听到孔子的话，羞赧难当，当即低着头溜了出去，可是还是有几个厚着脸皮不走的，这时孔子的弟子耐不住了，把那些人轰了出去。这样场上剩下的就是清一色的圣门弟子了……在场听了这个故事的人，都体会到了陈垣讲话的弦外之音，爱国者备受鼓舞，那些委身敌伪者坐立不安，纷纷借故溜之大吉。

当时不愿进日伪高校接受奴化教育的沦陷区青年，报考辅仁成为唯一选择。原在各大学任教的不少知名教授，因不甘心附逆，也纷纷转入辅仁大学任职，一时间人才荟萃、群星璀璨。

新中国成立后，陈垣也丝毫没放松对学生的爱国主义教育，他先后发表了《为着祖国的未来，我们必须加强学习》、《为培养祖国新生一代贡献自己的力量》、《教育工作六十年》等许多文章，激发学生的爱国热忱，号召学生投身于为祖国培养人才的教育伟业中去。

陈垣从事教育的 70 多年，高度的社会责任感贯穿始终。所以，终其一生，他得到了方方面面的好评：学生尊敬，业界钦佩，后人敬仰，也被人民群众所称颂。2002 年 9 月 8 日有两座铜像在北师大落成。一座是孔子铜像，另一座铜像是北师大老校长陈垣先生全身像。北师大人把他们亲切的"老校长"捧到了圣人孔子一样的地位，一同尊为万世师表。

他从事教育所做的努力照亮了无数人的人生，也照亮了当时的教育界。他的人格魅力和教育精神还将沿着时间的河流，光照千年，泽被众生。

李秉德

名人简介

李秉德（1912－2005），当代著名教育家。1912 年 7 月出生于河南洛阳。1928 年入河南大学预科，1930 年升入本科，主学英文，辅学教育。次年改主修为教育。1934 年大学毕业后受聘河南开封教育实验区，从事"廉方教学法"实验。1936 年入燕京大学，攻读"乡村教育"研究生。1937 年因抗日战争爆发中断学业。这期间曾担任湖北教育厅督学，河南大学教育系副教授，河南大学图书馆馆长等。1947 年赴瑞士、法国留学，曾在日内瓦大学卢梭学院师从皮亚杰。1949 年回国。1950 年响应党的号召，到西北师范大学任教。

李秉德教授多年来一直致力于课程与教学论的研究，是新中国教学论、教育科学研究方法、小学语文教育等学科领域的开拓者和奠基人之一。1981 年被国务院学位委员会批准为全国第一批教育学科（教学论专业）博士生导师。在西北师范大学任教期间曾任西北师范大学教育科学研究所所长，西北师范大学校长，第六、七届全国政协委员。李秉德教授在长达 70 年的学术生涯中，矢志不渝，倾心教育，完成了大量著述，形成了较为系统的教育思想，培养了一大批高层次人才，为我国教育科学事业的发展作出了重要贡献。李秉德教授主要著作有:《小学语文教学方法》、《教育科学研究方法》、《教学论》、《我国社会经济和科技发展战略问题》(与钱伟长、费孝通、季羡林等合著,)、《李秉德教育文选》等。其中《教学论》一书获全国"普通高校优秀教学成果"二等奖。

在河南成长

李秉德出生于一个非常贫穷的家庭,是家中 4 个孩子中最大的一个。父亲没有土地,也没有固定的职业和住宅,靠兼职做会计等来补贴家用。父亲喜欢学习,在私塾中念过书。他经常告诉李秉德自己如何喜欢读书,很想能深入研读"四书",但由于自己在年少时就要外出谋生,这些只能成为梦想。那时,父亲把自己的书都放在一个地方,因为自己再也不能读书,就对着它们大哭了一场,他对自己的儿子们寄予厚望,希望他们能受到自己没能受到的教育。李秉德的母亲出身于一个农民家庭,李秉德对她的描述是:"不识字,但是很好的一个人,热情、善良。"

李秉德的父亲非常喜欢学习,在找不到工作的困难时期,就把自己的家变成一个类似私塾的地方,既教自己的孩子,也教邻居家的孩子。李秉德曾提到在抗战的艰苦岁月中,很多正规学校遭到破坏的情况下,自己的两个女儿是怎样跟着自己的父亲学习的。后来,李秉德也肩负起了使自己的三个弟弟接受教育的重大责任,后来谈到他们所取得的成就时还引以为豪,就像是自己和自己的子女取得了这样的成就一样。他的一个弟弟是医学教授,另外两个是工学教授,在他于欧洲留学期间,两个弟弟也获得机会在美国留学。他觉得,在这些成就的背后饱含着父亲渴望读书的热情,以及由于生活的艰辛无以实现的那种无奈。

1919 年,李秉德 7 岁念小学,那一年发生了五四运动。他上的那所学校是一所改良私塾。他的家庭不富裕,幸运的是,这所私塾只在每年的年底收 3 块钱的学费。5 年后,他进入了附近一所不收费的公立小学,开始走读上学。他的学习成绩非常好,又升入了初级中学。他自己对这段早年受教育的经历留下了这样的记忆:学校条件非常差,老师的水平低。在小学学习语文时没有课本,在初级中学时学习只有物理、化学和数学的简易课本。

由于军阀混战,学校常常一连几个星期不上课。学校不上课的时候,李秉德就在家里与父亲、弟弟和邻居家的孩子一起温习功课。父亲教他读"四书"和"五经"中的《书经》与《诗经》。后来他回忆到当初接受的这些传统教育是多么有价值,为日后自己接受从西方引进的新知识教育奠定了基础。

念完了初级中学,李秉德遇到了一个挑战。他渴望继续接受教育,但在当时的洛阳没有一所高级中学,尽管洛阳还是一个中等规模的城市。到洛阳以外的地方求学所需要的费用完全超出了家里的供给能力。而且,他有着让三个弟弟接受教育的强烈责任感。一线希望是争取奖学金。他凑够了到省会开封的路费,参加了河南大学预科三年高级中学的考试。他成功地考上了。由于这是一所省立的公费学校,一学期的学费只有6块钱。

但是,他仍然面临着许多困难:他就学期间的生活费怎么办?他回家帮忙时的路费怎么办?如果坐火车,单趟就要花三块多钱。他怎样为弟弟们的教育出力,让他们接受教育?开始的时候,他必须从父亲的亲戚那里借钱上学。但入学后不久,他就在开封的一所私立中学中找到了一份教英语的工作,每个月可以挣12块钱。另外,他还当家庭教师。几年后他进入了河南大学,成功地申请到了河南省政府的奖学金,一年有200块钱,这对于一个有抱负的年轻人来讲是一大笔钱了。这意味着他不仅可以没有后顾之忧地全身心地投入学习,而且还可以给家里寄钱,供弟弟们上学。

1928年,李秉德到了开封,开始了在河南省最好的高级中学的求学生活。在参加入学考试的时候,他还不知道文科和理科之间的区别,这些都是他以前在学校从未听说过的现代名词。出于偶然,他在一个朋友的建议下踏进了文科的大门。当他刚踏进这所学校的时候,图书馆众多的书籍使他感到目不暇接、眼花缭乱。他做梦也想不到世界上会有这么多的书。突然间,他感到自己走进了一个崭新的世界。

他的英语老师出生在美国，只会说英语和他听不懂的宁波方言。在最初的两节课上，他对老师的英语授课连一个字也听不懂。这件事鞭策他日后广泛地查阅词典，下最大的工夫学习英语。在第一次考试中他就得了 70 分，而其他很多同学都没有及格。除此之外，他同样努力学习数学和其他学科。当时的学习压力非常大，因为只要两门课程不及格就要被开除。170 名学生中就有 28 名没能上到第二年。而李秉德顺利进入了第二年的学习。

在这所高级中心学习了两年后，李秉德于 1930 年考入了河南大学。他选择了英国语言文学作为自己的主修专业，教育为副修专业。他觉得靠自学学习中国文学、历史和哲学不成问题，所以没有选这些专业。在河南大学学习了 1 年后，他又把教育作为主修专业，因为他感到这不仅仅是一个专业，而且是一项事业。他越来越多地被教育所吸引，打算终身从事教育事业。令他改变专业的另一个原因是，他觉得即便自己的英语学得再好，也超不过那些本族语者。

李秉德对自己在 1930—1934 年间在河南大学求学的那段黄金岁月的追忆：丰富多彩、令人振奋。他至今记忆犹新的一位教授是邰爽秋，一位留美归国学者，曾在哥伦比亚大学学习，并获得博士学位。邰爽秋在上海一所私立的大学任教，1933 年时，由于日本人常常扰乱正常的教学秩序，学校临时关闭，邰爽秋决定离开上海。

邰爽秋当时上的一门课至今仍然令李秉德记忆犹新。这门课的名字叫做"中国教育的出路问题"。在这门课上，他除了借给学生许多书让他们阅读，还用报纸和其他时事资料作为教学材料。邰爽秋认为，这门课不仅仅是关于中国教育的出路问题，而且也是关于中华民族的出路问题。邰爽秋是陶行知的朋友，他们在哥伦比亚相识。和陶行知一样，邰爽秋非常爱国，他一直保持着穿中国传统的棉布长衫的习惯，以此昭示他对自己的民族文化的认同。"中国教育的出路问题"每周上一次，邰爽秋在讲到如何通过教育来战胜政府的腐败无能时，都会痛哭流涕，边哭边上课。正是先生的这些眼泪，使得李秉德将自己的一生贡献给中国的教育事业。

苏格拉底

名人简介

苏格拉底（前469—前399），著名的古希腊的思想家、哲学家、教育家，他和他的学生柏拉图，以及柏拉图的学生亚里士多德被并称为"古希腊三哲人"，更被后人广泛认为是西方哲学的奠基者。据记载苏格拉底最后被雅典法庭以引进新的神和腐蚀雅典青年思想之罪名判处死刑。尽管他曾获得逃亡雅典的机会，但身为雅典的公民，苏格拉底仍选择饮下毒酒而死，因为他认为逃亡只会进一步破坏雅典法律的权威，同时也是因为担心他逃亡后雅典将再没有好的导师可以教育人们了。

最大的麦穗

苏格拉底有一天带领几个弟子来到一块麦地边。那正是收获的季节，地里满是沉甸甸的麦穗。苏格拉底对弟子们说："你们去麦地里摘一个最大的麦穗，只许进不许退，我在麦地的尽头等你们。"弟子们听懂了老师的要求后，就走进了麦地。地里到处都是大麦穗，哪一个才是最大的呢？弟子们埋头向前走。看看这一株，摇了摇头；看看那一株，又摇了摇头。他们总以为最大的那一穗还在前面呢。虽然，弟子们也试着摘了几穗，但并不满意，便随手扔掉了。他们总以为机会还很多，完全没有必要过早地定夺。弟子们一边低着头往前走，一边用心地挑挑拣拣，经过了很长一段时间，突然，大家听到了苏格拉底苍老的如同洪钟一般的声音："你们已经到头了。"这时，两手空空的弟子们才如梦初醒，他们回头望了望麦垄，无数株小麦摇晃着脑袋，似乎在为他们惋惜。苏格拉底对弟子们说："这块麦地里肯定有一穗是最大的，但你们未必能碰见它；即使碰见了，也未必能做出准确的判断。因此最大的一穗就是你们刚刚摘下的。"苏格拉底的弟子们听了老师的话，悟出了这样一个道理：人的一生仿佛也在麦地中行走，也在寻找那最大的一穗。有的人见到了颗粒饱满的"麦穗"，就不失时机地摘下它；有的人则东张西望，一再地错失良机。当然，追求应该是最大的，但把眼前的那一穗拿在手中，才是实实在在的。

求　知

一个青年问苏格拉底："怎样才能获得知识？"

苏格拉底将这个青年带到海里，海水淹没了年轻人，他奋力挣扎才将头探出水面。苏格拉底问："你在水里最大的愿望是什么？"

"空气，当然是呼吸新鲜空气！""对！学习就得使上这股子劲儿。"

苹果的香味

学生向苏格拉底请教如何才能坚持真理。苏格拉底让大家坐下来。他拿着一个苹果，慢慢地从每个同学的座位旁边走过，一边走一边说："请同学们集中精力，注意嗅空气中的气味。"

然后，他回到讲台上，把苹果举起来左右晃了晃，问："有哪位同学闻到苹果的味儿了吗？"有一位学生举手站起来回答说："我闻到了，是香味儿！"苏格拉底又问："还有哪位同学闻到了？"学生们你望望我，我看看你，都不做声。苏格拉底再次举着苹果，慢慢地从每一

个学生的座位旁边走过,边走边叮嘱:"请同学们务必集中精力,仔细嗅一嗅空气中的气味。"

回到讲台上后,他又问:"大家闻到苹果的气味了吗?"这次,绝大多数学生都举起了手。稍后,苏格拉底第三次走到学生中间,让每位学生都嗅一嗅苹果。回到讲台后,他再次提问:"同学们,大家闻到苹果的味儿了吗?"他的话音刚落,除一位学生外,其他学生全部举起了手。那位没举手的学生左右看了看,也慌忙地举起了手。他的神态,引起了一阵笑声。苏格拉底也笑了:"大家闻到了什么味儿?"学生们异口同声地回答:"香味儿!"

苏格拉底脸上的笑容不见了,他举起苹果缓缓地说:"非常遗憾,这是一枚假苹果,什么味儿也没有。"

快　乐

一群学生在到处寻找快乐,却遇到许多烦恼、忧愁和痛苦。他们向大哲学家苏格拉底请教:"老师,快乐到底在哪里?"苏格拉底说:"你们还是先帮我造一条船吧!"这群学生暂时把寻找快乐的事儿放在一边,找来造船的工具,用了七七四十九天,锯倒了一棵又高又大的树,挖空树心,造出一条独木船。独木船下水了,他们把苏格拉底请上船,一边合力划桨,一边齐声唱起歌来。苏格拉底问:"孩子们,你们快乐吗?"他们齐声回答:"快乐极了!"苏格拉底说:"快乐就是这样,它往往在你为着一个明确的目的忙得无暇顾及其他的时候突然来访。"

蜡　烛

古希腊的大哲学家苏格拉底在风烛残年之际,知道自己时日不多了,就想考验和点化一下他那位平时看来很不错的助手。他把助手叫到床前,说:"我的蜡所剩不多了,得找另一根蜡接着点下去,你明白我的意思吗?"

"明白，"那位助手赶忙说，"您的思想光辉是得很好地传承下去……"

"可是，"苏格拉底慢悠悠地说，"我需要一位最优秀的传承者，他不但要有相当的智慧，还必须有充分的信心和非凡的勇气……你帮我寻找一位好吗？"

"我一定竭尽全力。"苏格拉底听后笑了笑。

那位忠诚而勤奋的助手，不辞辛劳地通过各种渠道开始四处寻找。可他领来一位又一位，都被苏格拉底一一婉言谢绝。一次，当那位助手再次无功而返时，病入膏肓的苏格拉底硬撑着坐起来："真是辛苦你了，不过，你找来的那些人，其实都不如……"

"我一定加倍努力，"助手恳切地说，"找遍五湖四海，也要把最优秀的人选挖掘出来。"

苏格拉底笑笑，不再说话。

半年之后，苏格拉底眼看就要告别人世，最优秀的人选还是没有眉目。助手非常惭愧："我真对不起您，令您失望了！"

"失望的是我，对不起的却是你自己，"苏格拉底很失意地闭上眼睛，停顿了许久，才又不无哀怨地说，"本来，最优秀的就是你自己，只是你不敢相信自己，才把自己给忽略、给丢失了……其实，每个人都是最优秀的，差别就在于如何认识自己、如何发掘和重用自己……"一代哲人就这样永远地离开了他曾经深切关注着的世界。

那位助手非常后悔，甚至自责了整个后半生。

为了不重蹈那位助手的覆辙，每个向往成功、不甘沉沦者，都应该牢记先哲的这句至理名言："最优秀的就是你自己！"

快乐的秘诀

苏格拉底是单身汉的时候，原来和几个朋友一起，住在一间只有七八平方米的房间里，他一天到晚总是乐呵呵的。

有人问他："那么多人挤在一起,连转个身都困难,有什么可乐的?"

苏格拉底说:"朋友们在一块儿,随时都可以交换思想,交流感情,这难道不是很值得高兴的事儿吗?"

过了一段日子,朋友们一个个成了家,先后搬了出去。屋子里只剩下了苏格拉底一个人,每天他仍然很快活。那人又问:"你一个人孤孤单单,有什么好高兴的?"

苏格拉底说:"我有这么多书哇,一本书就是一个老师。和这么多老师在一起,时时刻刻都可以向它们请教,这怎不令人高兴呢!"

几年后,苏格拉底也成了家,搬进了一座大楼里。这座大楼有七层,他的家在最底层。底层在这座楼里是最差的,不安静、不安全、也不卫生,上面老是往下面泼污水,丢死老鼠、破鞋子、臭袜子和杂七乱八的脏东西,那人见他还是一副喜气洋洋的样子,好奇地问:"你住这样的房间,也感到高兴吗?"

"是呀!"苏格拉底说,"你不知道住一楼有多少妙处呵! 比如,进门就是家,不用爬很高的楼梯;搬东西方便,不必花很大的劲儿;朋友来访容易,用不着一层楼一层楼地去扣问……特别让我满意的是,可以在空地上养一丛一丛花,种一畦一畦菜,这些乐趣呀,没法儿说!"

过了一年,苏格拉底把一层的房间让给了一位朋友,这位朋友家有一个偏瘫的老人,上下楼很不方便。他搬到了楼房的最高层——第七层,每天他仍是快快活活。

那人揶揄地问:"先生,住七层楼也有许多好处吧!"

苏格拉底说:"是啊,好处多着哩! 仅举几例吧:每天上下几次,这是很好的锻炼机会,有利于身体健康;光线好,看书写文章不伤眼睛;没有人在头顶干扰,白天黑夜都非常安静。"

后来,那人遇到苏格拉底的学生柏拉图,他问:"你的老师总是那么快快乐乐,可我却感到,他每次所处的环境并不那么好呀?"

柏拉图说:"决定一个人心情的,不是在于环境,而在于心境。"

胸　怀

有一天,古希腊的大哲学家家苏格拉底和一位老朋友在雅典城里漫步,一边走,一边聊天。忽然有一个莫名其妙的人,冲了出来,对苏格拉底打了一棍子,就逃去了。他的朋友立刻回头要去找那个家伙算账。

但是苏格拉底拉住了他,不准他去报复。朋友说:"你怕那个人吗?""不,我绝不是怕他。""人家打了你,你都不还手吗?"苏格拉底笑笑说:"老朋友,你别生气。难道一头驴子踢你一脚,你也要还它一脚吗?"

心底无私天地宽,有博大的胸怀,方能吞吐日月,收放自如!太计较得失、荣辱,人生之路也便越走越窄了!

消　费

一天,一位熟知苏格拉底生活节俭的人突然在集市上发现他全神贯注打量几件俗气的陶器,颇觉惊讶,便上前问道:"苏格拉底先生,您今儿哪来的雅兴?"苏格拉底回答道:"我向来有兴趣的是,看看市场上有多少我不需要的东西。"

不要买自己想买的东西,而要买自己需要的东西;不需要的东西即使只花一分钱,也是昂贵的。

道　德

有一回,苏格拉底来到市场上,他一把拉住一个过路人说道:"人人都说要做一个有道德的人,但道德究竟是什么?"那人回答说:"忠诚老实,不欺骗别人,才是有道德的。"

苏格拉底问:"但为什么和敌人作战时,我军将领却千方百计地去欺骗敌人呢?"

"欺骗敌人是符合道德的,但欺骗自己人就不道德了。"苏格拉底反驳道:"当我军被敌军包围时,为了鼓舞士气,将领就欺骗士兵说,我们的援军已经到了,大家奋力突围出去。结果突围果然成功了。这种欺骗也不道德吗?"

那人说:"那是战争中出于无奈才这样做的,日常生活中这样做是不道德的。"

苏格拉底又追问起来:"假如你的儿子生病了,又不肯吃药,作为父亲,你欺骗他说,这不是药,而是一种很好吃的东西,这也不道德吗?"

那人只好承认:"这种欺骗也是符合道德的。"

苏格拉底并不满足,又问道:"不骗人是道德的,骗人也可以说是道德的。那就是说,道德不能用骗不骗人来说明。究竟用什么来说明它呢?还是请你告诉我吧!"那人想了想,说:"不知道道德就不能做到道德,知道了道德才能做到道德。"

苏格拉底这才满意地笑起来,拉着那个人的手说:"您真是一个伟大的哲学家,您告诉了我关于道德的知识,使我弄明白一个长期困惑不解的问题,我衷心地感谢您!"

处 死

苏格拉底对西方哲学发展起到了深远的影响。苏格拉底一生不断探索真理,因为善于辞令,常常把那些自认为知识渊博的浅薄之辈驳得目瞪口呆,因此他在广大青年中享有很高威望,可不幸于公元前399年被保守派贵族以煽动青年、污辱雅典神的罪名当众审判,处以死刑。

根据当时雅典法律规定,处死犯人的方法是赐以毒酒一杯,但在处死前关押的一个月中,法庭允许犯人的亲友探监。当时便有许多青年人天天去监狱探望苏格拉底,其中有位名叫克利托的青年问苏格拉底有无什么遗言时,苏格拉底回答说:"我别无他求,只有我平时对你们说过的那些话,请你们要牢记在心。你们务必保持节操,如果你们不按我说的那样去生活,那么不论你们现在对我许下多少诺言,也无法告慰我的亡灵。"说完他便起身去洗浴了。

　　公元前399年6月的一个傍晚,在苏格拉底即将处死的那天晚上,只见他衣衫褴褛,散发赤足,而面容却镇定自若。他把自己的妻子和女儿打发开,而去同他的学生斐多、西米亚斯、西帕斯、克利托等谈论灵魂永生的问题。不久,狱卒走了进来,说:"每当我传令要犯人服毒酒时,他们都怨恨诅咒我,但我必须执行上级命令。你是这里许多犯人中最高尚的人,所以我想你决不会恨我,而只会去怨恨那些要处死你的人,我现在受命执行命令,愿你少受些痛苦。别了,我的朋友。"说完泪流满面,离开了牢房。苏格拉底望着狱卒的背影说:"别了,朋友,我将按你说的去做。"然后他又掉转头来,和蔼地对那些青年说:"真是个好人,自我入狱以来,他天天来看望我,有时还跟我谈话,态度亲切。现在他又为我流泪,多善良的人呀!克利托,你过来,如果毒酒已准备好,就马上叫人去取来,否则请快点去调配。"克利托回答说:"据说有的犯人听到要处决了,总千方百计拖延时间,为的是可以享受一顿丰盛的晚餐。请你别心急,还有时间呢!"这时苏格拉底说:"诚然你说得对,那些人这样做是无可非议的,因为在他们看来,延迟服毒酒就获得了某些东西,但对我来说,推迟服毒酒并不能获得什么,相反,那样吝惜生命而获得一顿美餐的行为在我看来应当受到鄙视,去拿酒来吧。请尊重我的要求。"一会儿送毒酒的人来了,苏格拉底镇定自若,面不改色,他把装有毒酒的杯子举到胸口,平静地说:"分手的时候到了,我将死去,他们将活下来,是谁的选择好,只有天知道。"接着举起酒杯一饮而尽。在场的人无不为将失去这样一位好友而悲泣。苏格拉底见状大为不悦,他说:"你们怎么可以这样呢?我为了避免这种场面才打发走家里的人,常言道:临危不惧,视死如归。请大家坚强点!"苏格拉底接着在室内踱了一会儿,说自己两腿发麻,便躺了下来。送酒的人走过来摸了摸他的身体，觉得已没有热气。突然苏格拉底又喃喃地说："克利托，你过来，我们曾向克雷皮乌斯借过一只公鸡，请你不要忘记付钱给他。"说完，这位伟大的哲学家合上了眼，安静地离开了人世。

　　苏格拉底的哲学是同他的生活实践融为一体的，而他个人的命运同雅典的命运是不可分的。他为了祖国追求善的理想，而他的祖国则用死刑酬答了他的贡献，成全了他的哲学。苏格拉底没有丝毫的激愤、畏惧或是悲哀，而是依旧用他智慧的语调诚挚地奉劝着一切。他明白他是神的使者，这一切都是神的安排，他还有他生命未完成的部分，而死恰恰能给他一个完美的结局。

柏拉图

名人简介

柏拉图(约前 427－前 347),古希腊伟大的哲学家,也是全部西方哲学乃至整个西方文化最伟大的哲学家和思想家之一,他和老师苏格拉底、学生亚里士多德并称为"古希腊三大哲学家"。另有其他概念包括:柏拉图主义、柏拉图式爱情、经济学图表等含义。

唯心主义者:柏拉图

他的名字叫亚里斯多克勒斯,可这个世界只知道他叫柏拉图——在希腊语中,他叫 plato,或者叫"宽阔"——这是他作为一个年轻的摔跤手,因为肩臂甚宽,人们给他取的一个绰号。他出生在公元前 427 年的雅典,父母都是有钱的贵族,他在青年时代就是个学有所成的学生,是男人和女人都喜欢的、漂亮迷人的对象,而且差点就当了一名诗人。20 岁的时候,他在完成了一部诗剧准备交上去的时候,听了苏格拉底在一个公共场所的演讲,从此之后就烧掉诗集,成了这位哲学家的弟子。也许是因为苏格拉底的辩证法中含有的游戏成分吸引了这位以前的摔跤手,也许是因为苏格拉底思想的微妙之处吸引了这位严肃的学生,也许是因为苏格拉底哲学中的宁静与安详,在一个充满政治混乱和背叛、战争与失败、革命和恐怖的时代,诱惑了这位古老世系的后裔。

柏拉图跟从苏格拉底学习了 8 年。他是个专心的学生,而且还是个不苟言笑的人。一位古代作家曾说从未见他大笑过。他的情诗中有少数一些残片保留了下来,有些是献给男人的,有些是给女人的,可其真实性都值得人怀疑。没有任何有关他的爱情生活的闲话,也没有任何证据证明他曾经结过婚。可是,从他对话录的大量细节中,我们还是可以看出,很明显,他是雅典社会生活的积极参与者,而且是人类行为和状态的仔细观察者。

公元前 404 年,一些包括他自己的贵族亲戚在内的一个寡头政治宗派催促他进入公众生活,由他们在背后支持他。年轻的柏拉图很聪明地加以暂避,希望等看出这个集团的政治面目以后再说,可他对这个集团把暴力和恐怖当作施政手段而深感厌恶。可是,当民主力量重获政权时,他却对他们审判他最尊敬的老师的暴行而更感厌恶。他在《辩解》一书中称,这位老师是"我所认识的最有智慧,最公正,也是最好的人"。苏格拉底死后,柏拉图逃出了雅典,在地中海一带周游,会见其他一些哲学家,与他们一起进行研究,回到雅典去为他的城市而战斗,然后又四处漫游和研修。

40 岁那年,他在与锡拉库萨的君主丢尼修修士谈话时,大胆地谴责独裁制。丢尼修修士大为激怒,对他说:"你说这话形同老朽。"柏拉图反驳说:"你的语言是一个暴君的口吻。"丢尼修修士下令逮捕他,并把他拿去奴隶市场卖掉,这可能会终结他的哲学生涯。可是,一位有钱的崇拜者安里塞里斯把他赎回了,并送回到了雅典。朋友们募集了 3000 德拉马克要赔偿安里塞里斯,可他拒绝了。他们于是用这笔钱为柏拉图在郊区买了一处房产，他就在这里开设了他的学园。这座高等教育学园在接下来的 9 个世纪里成为希腊的文化中心，直到公元 529 年东罗马帝国皇帝佳士丁大帝出于对真正的信仰的狂热和最高利益而关闭了它。

几乎没有任何有关柏拉图在这所学院的活动的详细资料，他在这里当了 41 年的院长，直到他 81 岁的时候逝世为止。有人相信，他以苏格拉底式的对话法和讲座的方法合并来教学生，通常是在他和他的听众在庭院里来来回回散步很长时间时，边走边进行的。

除杂草

一天，哲学家柏拉图手中拿着一本书，带着他的弟子来到长满野草的旷野里，席地而坐。

柏拉图开始讲话了："今天，我们在这儿上一堂课，我要问弟子们一个问题。"

弟子们惊奇地问道："师傅，您要问我们什么问题？"

柏拉图慢条斯理地说："弟子们，请你们谈一谈，如何除掉这块地中的杂草？"

"用铲子把它们铲掉。"一个弟子说道。

另一个弟子接着说："师傅，用火可以把这些野草烧掉。"

第三个弟子马上说："往这块长满草的地上撒许多石灰。"

"将这些草斩草除根。"第四个弟子充满信心地说。

这时，柏拉图意味深长地慢慢地说道："弟子们，你们回去以后，都用自己的方法分别除去一片杂草，一年后，我们再来这里相聚。"

一年后，弟子们都来了，不过他们发现原来相聚的地方已不再是杂草丛生了，它变成了长满谷子的一片庄稼地。弟子们在谷地前的空地上坐下，等待柏拉图的到来，可是柏拉图始终没有来。

几十年以后,柏拉图去世了,弟子们在整理他的言论时,在书的最后补了一章:"要想铲除旷野里的杂草,方法只有一种,那就是在上面种上庄稼。同样,要想让心灵无忧,唯一的方法就是用美德去占据它……"

坚 持

开学第一天,苏格拉底对学生们说:"今天咱们只学一件最简单也是最容易的事儿。每人把胳膊尽量往前甩,然后再尽量往后甩。"说着,苏格拉底示范了一遍。"从今天开始,每天做 300 下。大家能做到吗?"

学生们都笑了,这么简单的事,有什么做不到的? 过了一个月,苏格拉底问学生们:"每天甩手 300 下,哪些同学在坚持着?"有 90%的同学骄傲地举起了手。又过了一个月,苏格拉底又问,这回,坚持下来的学生只剩下八成。

一年过后,苏格拉底再一次问大家:"请告诉我,最简单的甩手运动还有哪几位同学坚持了?"这时,整个教室里,只有一人举起了手。这个学生就是后来成为古希腊另一位大哲学家的柏拉图。

世间最容易的事常常也是最难做的事,最难的事也是最容易做的事。说它容易,是因为只要愿意做,人人都能做到;说它难,是因为真正能做到并持之以恒的,终究只是极少数人。

半途而废者经常会说"那已足够了"、"这不值"、"事情可能会变坏"、"这样做毫无意义",而能够持之以恒者会说"做到最好"、"尽全力"、"再坚持一下"。要知道,巨大的成功靠的不是力量而是韧性,竞争也常常是持久力的竞争。

亚里士多德

名人简介

亚里士多德（前384—前322），古希腊斯吉塔拉人，世界古代史上最伟大的哲学家、科学家和教育家之一。是柏拉图的学生，亚历山大的老师。公元前335年，他在雅典办了一所叫吕克昂的学园，被称为逍遥学派。马克思曾称亚里士多德是古希腊哲学家中最博学的人物，恩格斯称他是古代的黑格尔。

亚里士多德研究的范围十分广泛，在自然科学方面，他对动物学和生物学的研究最为出色。

一次，他把同一天下的20几个鸡蛋放到母鸡身下去孵化。每天，他从孵蛋的母鸡身下拿出一个鸡蛋，把它敲开，记录下观察到的情况。这样，一天天加起来，他就有了一套从鸡蛋到雏鸡的发展变化的完整记录。

逍遥学派

亚里士多德后来开办了一个学园——吕克昂学园。他讲学很生动、精彩。他不习惯于坐下来讲课，总是在课堂的廊柱间走来走去。

一次上哲学课，讲到"主体"这个概念，他看了看课堂上的一切，桌子、椅子、墙壁……这些都被他举例子举遍了，他一挥手，对学生们说："走，我们到校园里去。"

于是,他的学生跟随他到了校园的林荫路上,他指着一棵树说:"这棵梧桐树的叶子就是梧桐叶子这个概念的主体。"

"它是绿色的,但是这个绿色离了这叶子就不存在了,可是,叶子离了绿色还是存在的,比如到了冬天叶子变黄了。"

亚里士多德又指了指周围的一些树,说:"这些松树、槐树、杨树的叶子也是绿的,我们是先看到这一个个的绿叶子的颜色,才把这些颜色统统归结为绿色,这些叶子都是实实在在的本体。我讲明白了吗?好,现在你们再找一些例子讲讲。"

学生们立刻到树林中、花丛中找到了他们说要的东西——各种颜色的花,他们通过分类弄懂了亚里士多德提出的问题。

亚里士多德高兴地说:"看来到外面上课收获更大,以后我们常来吧!"

吕可昂学园是一个开放的教学园地。亚里士多德经常率领他的子弟在林荫道上边散步边上课。所以,他的学派得名"逍遥学派"。

敢于向权威挑战

亚里士多德从十八岁到三十八岁,在雅典跟柏拉图学习哲学二十年。对亚里士多德来说,这是个很重要的阶段,这一时期的学习和生活对他一生产生了决定性的影响。苏格拉底是柏拉图的老师,亚里士多德又受教于柏拉图,这三代师徒都是哲学史上赫赫有名的人物。在雅典的柏拉图学园中,亚里士多德表现得很出色,柏拉图称他是"学园之灵"。

但亚里士多德可不是个只崇拜权威,在学术上唯唯诺诺而没有自己的想法的人。他同大谈玄理的老师不同,他努力地收集各种图书资料,勤奋钻研,甚至为自己建立了一个图书室。有记载说,柏拉图后来曾讽刺他是一个书呆子。在学园期间,亚里士多德就在思想上跟老师有了分歧。他曾经隐喻地说过:"智慧不会随柏拉图一起死亡。"当柏拉图到了晚年,他们师生间的分歧更大了,经常为了学术发生争论。以致到后来,亚里士多德成立了一个新的哲学学派。

亚里士多德和老师柏拉图进行争论

买面包

柏拉图是古希腊三大哲学家中的第二位。第一位叫苏格拉底,他是柏拉图的老师;第三位叫亚里士多德,他是柏拉图的学生。

公元前387年,柏拉图创立了世界上第一所大学——学园。这是系统研究哲学和科学的教学研究机构,柏拉图废寝忘食地从事着哲学研究,并且亲自主持学园。

有一天,柏拉图写作到深夜,忽然肚子咕咕直叫——原来他还没有吃晚饭。

这时,亚里士多德来了:"老师,您还没吃饭吧?我去给您准备一下。"

柏拉图拿出一枚硬币递给亚里士多德说:"你去给我买个面包就行了。"

亚里士多德连忙跑了出去。不一会儿就回来了,可是他两手空空:"老师,外面有甜面包,有酸面包,没有光是面包的面包。"

柏拉图说:"就买酸面包。"

亚里士多德跑了出去,不一会儿又回来了,还是两手空空:"老师,外面有方的酸面包,有圆的酸面包,没有光是酸面包的酸面包。"

柏拉图笑着说:"那就买方的酸面包。"

亚里士多德又跑了出去,不一会儿又回来了,仍然是两手空空:"老师,外面有方的大的酸面包,有方的小的酸面包,没有光是方的酸面包。"

柏拉图说:"那就买个方的大的酸面包!"

亚里士多德又连忙跑了回去,不一会儿又回来了,还是两手空空:"老师,外面有……"

柏拉图从亚里士多德手里拿回银币,自己出去了。不一会儿就买回了面包,大口大口地吃了起来。他想,等我吃完面包之后再教训你,连个面包都买不来,还能干什么?

柏拉图把面包吃到一半的时候,忽然停了下来,把面包放在一边,哈哈大笑。他握住亚里士多德的手说:"谢谢你,我的好学生,你使我对'形象'和'抽象'这个哲学问题有了更进一步的认识!"

其实,亚里士多德早就发现了老师著作中的这个问题,只是没有找到适当的机会向老师提出来,今天借着买面包的事让老师自己明白了这个问题。

亚里士多德非常敬佩老师的学问和人品,他这样描述柏拉图:"从根本上说,即便赞扬他,那也是一种亵渎。"也就是说,柏拉图具有高贵的品质,卑鄙小人甚至连谈论他的资格都没有!但是,亚里士多德有自己的思想,绝不会跟在老师的后面亦步亦趋。

他著作中的一些观点往往和老师不同,有人因此而指责他。亚里士多德却说:"我爱老师,我更爱真理!"

昆体良

名人简介

昆体良是古代罗马著名的教育家。他是教育史上大力发展完善教育方法和思想的先驱。他主张对儿童的教育应是鼓励的,能激发他们兴趣的。

精雕细琢

公元 35 年,在西班牙美丽的埃布罗河上游加拉古里斯的一个小镇上,诞生了古罗马伟大的教育家昆体良。当时的西班牙是罗马帝国的属地,它的首府是当时罗马帝国的文化中心和高等教育中心之一,云集着杰出的文学家、诗人、哲学家。同时,还有许多雄辩术传授者,昆体良的父亲就是其中的佼佼者。在这样的环境之中,童年和少年时代的昆体良受到良好的教育。后来他做过一段时期的律师,30 岁以后,受命主持罗马的拉丁语雄辩术学校,在这一片园地上,他辛勤地耕耘了 20 年。与此同时,他还做兼职律师,常常被邀请作辩护人。理论和实践的结合,使他积累了丰富的雄辩术经验,成为当时罗马最负盛名的教师。因此,当他从雄辩术的讲坛上退休之后,他的朋友马斯路斯等人,便请求他能够写本关于雄辩术的书。开始,昆体良并没有接受,因为,这位一向谦虚的退休教师,深知在他以前的许多希腊、罗马杰出的作家已精心地研究过这方面

的问题,并且留下大量遗产,自己是没有资格按朋友的邀请来做这方面的书的。他的这一看起来似乎非常有说服力的借口,正好为朋友们提供了说服他的理由。他们辩解说,"以前的作者关于雄辩术方面的意见多不一致,甚至相互矛盾。人们从这些矛盾的观点中很难做出抉择。因此赋予他这样的使命是合理的。即使不能有所独创,只要能对以前的观点做出明确恰切地判断也是很有意义的事情。"昆体良被说服了。然后,他用了两年时间,写出了长达 12 卷、约合中文 65 万字的鸿篇巨著——《雄辩术原理》。

在写作的两年多时间里,昆体良除了应付那些不得不做——给多密善皇帝的两个外侄孙任家庭教师的事务之外,写作过程的大量时间用在研究上,如查阅各种资料,广泛阅读有关著作等。因为,在他看来,一旦接受了任务,就绝不能因袭前人的窠臼,而要力求有所创新,使自己的书在继承前人成就的基础上尽量能给人更多新的东西。终于,在研究中他发现了前人和当时一般雄辩术教授者的缺陷与不足,提出了自己的新见解,写出了西方历史上第一部教学法专著。

《雄辩术原理》的写作开始于公元 90 年,完成于公元 92 年。按说用如此长的时间写作,并且有许多新观点的书,拿出去发表是不成问题的。可是昆体良并没有打算立即出版,而是想等到自己的创作热情冷却下来之后,再作进一步的修改。然而,朋友们渴望早日见到他的著作,三番五次地催促他交稿。这样,昆体良才不得不同意于公元前 96 年出版。为此,他曾给出版这本书的友人写过一封信,其中充分体现出一个教育家的博学多识、严谨治学、谦虚求实、认真负责的工作作风。信的大意是:

你天天催促我,要求我将奉献给马斯路斯的书《雄辩术原理》拿去出版。我的意见是,该书还没有成熟到可以拿去出版的水平。你知道,为了写这本书,我花了两年多时间。在这两年时间中,我还要为其他事务分心。这两年时间,真正用于写作的并不多,更多的时间是用于这一实际上漫无边际的任务所要求的研究工作上,以及用于阅读多不胜数的作者的著作上了。此外，我遵循着荷拉斯的名言，他在《诗学》中不赞成匆匆忙忙地出版，并要求未来的作家：

压下自己的作品暂不出版

直到漫长的岁月流逝九年

我打算再等些时候，以便让创作的激情冷静下来，按照一个不带偏见的读者的意见加以修改。但是，既然你是如此迫切地要求出版，那就让我们把那些斟字酌句付诸东风，并恳切地祈求上苍保佑我们免遭身败名裂。不过，请记住，我相信你会谨慎从事，让本书以尽可能正确的面貌与公众见面。(《昆体良教育论著选》第4页)

夸美纽斯

名人简介

扬·阿姆斯·夸美纽斯（1592—1670），捷克伟大的民主主义教育家，西方近代教育理论的奠基者，出身于一个磨坊主家庭。年轻时被选为捷克兄弟会的牧师，并主持兄弟会学校。三十年战争（1618—1648)爆发后数十年被迫流亡国外，继续从事教育活动和社会活动。他尖锐地抨击中世纪的学校教育，号召"把一切知识教给一切人"。提出统一学校制度，主张普及初等教育，采用班级授课制度，扩大学科的门类和内容，强调从事物本身获得知识。主要著作有《母育学校》、《大教学论》、《语言和科学入门》、《世界图解》等。

"活的字母"（象征字母表）出自《世界图解》一书。在字母表中，字母和一些动物的画图一一对应，动物所发出的声音就代表着字母的发音，"活的字母"因此而得名。夸美纽斯认为，传统的机械掌握字母的方法非常呆板，学生常常陷入毫无意义的发音练习之中，学而生厌。针对这种弊端，他别出心裁，独具一格，编排出"象征字母表"，使死的字母变成了会发音的"活的字母"。

在《学校——游戏》剧本的第三幕第三场中，夸美纽斯描绘了他发明的"活的字母"的教学过程：

教师:孩子们来吧！我们来看看这幅图画。

学生:老师,我们很愿意这样做。

教师:(手指着第一幅画)这是什么？

学生:鸟。

教师:说得对。什么鸟？

学生:不知道。

教师:(问另一个学生)你知道吗？

学生:也不知道。

教师:这是乌鸦。你们知道它怎么叫吗？

学生:不知道。

教师:它这样叫,啊——啊——啊。你们学它叫吧！

学生:啊——啊——啊。

教师:对。你们知道这个声音怎么写吗？

学生:不知道,

教师:我来教你们。这是"A"的写法。你们每个人在任何书里看到这样的字形,一定要(像乌鸦叫一样)"啊——啊——啊"地读出来。

教师:你们是不是想知道它是怎样写的？

学生:想知道。

教师:那很容易学。伊生,你来开始写一写,让其余的人看看。这儿是画图用的木制笔杆,用右手的三个手指这样握住它,然后自上往下这样写(大家都摹仿,最后教师又说),这儿是粉笔,把这个字母写在黑板上第一个字母的旁边,看,你们已经学会写这个字母了。你刚才写的,怎么念出来呢？

学生:"啊"。

教师:念得对,很好。

夸美纽斯的"活字母"在初步识字教学的历史中,起了极大的作用,以后拼音识字教学法的一切演变,都发轫于此。

蒙　田

名人简介

蒙田（1533－1592），生于法国加斯科涅郡。

蒙田是文艺复兴后期的一位激进的人文主义者，他以其凌厉的笔锋捅破了当时封建教育的种种毒瘤。他没有写下系统的教育专著，却在其散文中星罗棋布地镶嵌了其教育思想的名言警句。蒙田思想的局限性是明显的：他作为新兴资产阶级的代表人物，为他所代表的阶级和阶层的教育献计献策，却绝少提及劳动人民的教育要求。他的人文主义以"个人"为中心，当然主要是时代使然。文艺复兴运动之后，蒙田的思想无疑对后来的法国革命起了推动作用。

博学的蒙田

蒙田的母亲是西班牙人的后裔，父亲则是法国波尔多附近的一个小贵族。当时的贵族不看重学问，以从戎为天职，所以蒙田常常说他不是学者。

蒙田喜欢给人造成这样一种印象：他不治学，只不过是"漫无计划、不讲方法"地偶尔翻翻书；他写的东西也不润色，不过是把脑袋里一时触发的想法记下来而已，纯属"闲话家常，抒写情怀"。在他的代表作《蒙田随笔全集》里，我们完全可以看出他的这种写作心态和风格。其实，他当时没有想到，他的这种写作风格正符合当代读者的阅读需要和审美情趣。

实际上，蒙田非常博学。他的这部全集卷帙浩繁，日常生活、传统习俗、人生哲理，等等，无所不谈，还旁征博引了许多古希腊、古罗马作家的论述。另外，作品是用古法文写成，又引用了希腊、意大利等国的语言以及大量拉丁语，这些都体现了蒙田深厚广博的知识底蕴。

蒙田即兴进行创作

卢梭

名人简介

让·雅克·卢梭（1712－1778），法国伟大的启蒙思想家、哲学家、教育家、文学家，是 18 世纪法国大革命的思想先驱，启蒙运动最卓越的代表人物之一。主要著作有《论人类不平等的起源和基础》、《社会契约论》、《爱弥儿》、《忏悔录》、《新爱洛漪丝》、《植物学通信》等。

和爸爸比读书

卢梭的父亲是钟表匠，技术精湛；母亲颇为聪明，端庄贤淑。可不幸的是，母亲因生他难产去世。卢梭懂事时，知道自己是用母亲的生命换来的，他幼小的心灵十分悲伤，更加珍惜父亲对他的疼爱。

卢梭的父亲酷好读书，这种嗜好无疑也遗传给了他。卢梭的母亲遗留下不少小说，父亲常常和他在晚饭后互相朗读。每读一卷，不一气读完是不肯罢休的。有时通宵达旦地读，当父亲听到早晨的燕雀叫了，才很难为情地说："我们去睡吧，我简直比你还孩子气呢。"在这种情况下，卢梭受父亲的熏陶，无形之中也养成了爱读书的习惯，这就渐渐充实并滋养了他年幼的心灵。在父亲的鼓励下，卢梭读了许多古希腊、古罗马文学中的名人传记。在他 7 岁的时候,卢梭就将家里的书籍遍览无余。他还外出借书阅读,如包许埃的《世界通史讲话》、普鲁塔的《名人传》、那尼的《威尼斯历史》、莫里的几部剧本等等,他都读过。

父亲彻夜给小卢梭读书

受这些历史人物的影响,再加上他父亲的谆谆教诲,卢梭深深体会到了自由思想和民主精神的可贵。他既有父亲的爱国血统,又以这些伟人为榜样,甚至言行之间常把自己比作那些历史人物。有一天,他在桌旁叙说斯契瓦拉的事迹,在座的人全都很惊讶地看到卢梭走上前去,把手放在熊熊燃烧的炉火之上,来表演斯契瓦拉的英雄壮举,这种早熟早慧的表现,正是卢梭特有天资的最初显露。

良心的惩罚

在法国著名思想家、文学家卢梭的《忏悔录》中,记录着这样一件事:

卢梭小时候，家里很穷，为求生计，只好到一个伯爵家去当小佣人。伯爵家的一个侍女有条漂亮的小丝带，很讨人喜爱。一天，卢梭趁没人的时候，从侍女床头拿走小丝带，跑到院里玩赏起来。

正在这时候，有个仆人从他身后走过，发现了卢梭手中的小丝带，立刻报告了伯爵。伯爵大为恼火，就把卢梭叫到身旁，厉声追问起来。

卢梭紧张极了，心想，如果承认丝带是自己拿的，那他一定会被辞退。以后再找工作，可就更难了。他结巴了好大一会儿，最后竟撒了个谎，说丝带是小厨娘玛丽永偷给他的。伯爵半信半疑，就让玛丽永过来对质。善良、老实的小玛丽永一听这事，脑瓜子顿时懵了，一边流泪，一边说："不是我，决不是我！"可卢梭呢？却死死咬住了玛丽永，并把事情的所谓"经过"编造得有鼻子有眼。

这下子，伯爵更恼火了，索性将卢梭和玛丽永同时辞退了。当两人离开伯爵家时，一位长者意味深长地说："你们之中必有一个是无辜的，说谎的人一定会受到良心的惩罚！"

果然，这件事给卢梭带来终身的痛苦。四十年后，他在本人的自传《忏悔录》中坦白说："这种沉重的负担一直压在我的良心上……促使我决心撰写这部忏悔录。""这种残酷的回忆，常常使我苦恼，在我苦恼得睡不着的时候，便看到这个可怜的姑娘前来谴责我的罪行……"

狄德罗

名人简介

　　狄德罗（1713—1784），生于法国朗格尔一个富裕的手工业者家庭。18 世纪法国唯物主义哲学家、美学家、文学家，百科全书派代表人物，第一部法国《百科全书》主编。狄德罗是法国 18 世纪杰出的启蒙思想家、唯物主义哲学家和教育理论家。他的最大成就是主编《百科全书》（1751—1772）。此书概括了 18 世纪启蒙运动的精神。其他著作包括《对自然的解释》（1754）和《生理学基础》（1774—1780）和一些小说、剧本、评论论文集以及写给很多朋友和同事的才华横溢的书信。

重返学校

　　18 世纪 20 年代，在法国朗格尔的一所中学，有一个学生常常以出色的回答博得老师和同学们的掌声，他以优异的成绩使他的父母对他充满了期望。和天下所有的父母亲一样，他们也希望自己的儿子将来能够出人头地。但是有一天，这个中学生忽然对父亲说，他不想上学了。父亲没有责备儿子，只是看了儿子一眼，平静地说："那好，到工场去吧，以后就当个制刀匠。"此后这个中学生离开了校园，到父亲的工场里成为一名工人。可是他接连五天为制作一把柳叶刀忙得团团转，还是毫无结果。

父亲一声不吭。中学生糟蹋了材料，损坏了工具。但是父亲装作什么也没有看见。第五天快过去了，父亲同样心平气和地问道："怎么，干不了吧？"这个中学生一言不发。第二天清早，他收拾好自己的课本，急匆匆地上学校去了。

后来这个中学生成为法国 18 世纪杰出的思想家、法国启蒙运动的代表人物之一，他在唯物论和文艺理论方面大大超过了他同时代的思想家。他就是狄德罗。他主编的《百科全书》引领了法国启蒙运动的高潮。狄德罗的父亲是明智的，他没有强迫儿子到学校去，而是尊重儿子的选择，用事实使狄德罗明白了其实学习才是他最恰当的选择。让每个人通过教育获得使自身的潜能得到充分发挥的知识和能力，在社会中完成自己最适宜、最喜欢、也对社会有所贡献的工作，也许这才是教育的真正内涵。

狄德罗还是一位享乐主义者（昆德拉也称自己是"一个陷入极端政治化世界中的享乐主义"）。如同热爱公平、正义与真理，他同样热爱美食、美酒和美女，热爱朋友及爱好在时尚咖啡馆高谈阔论。一则关于狄德罗的故事是这样的：他收到了朋友赠予的一件质地精良的睡袍，满心喜欢。但是当他穿着它在书房里走来走去时，却发现自家的家具与之不配，家具风格粗俗，破烂不堪，于是他开始一一更新它们，令它们赶得上睡袍的华贵。他为此也自感欠妥，于是写了一篇文章《与旧睡袍别离之后的烦恼》。美国一位经济学家曾在《过度消费的美国人》一书中，从这则故事中发展出一个概念"狄德罗效应"或"配套效应"，专指人们在拥有了一件新的物品后，不断配置与其相适应的物品，以达到心理上平衡的现象。

欧　文

名人简介

罗伯特·欧文（1771－1858），英国的空想社会主义者，也是一位企业家、慈善家，现代人事管理之父，人本管理的先驱。欧文于1800—1828年间在苏格兰自己的几个纺织厂内进行了空前的试验，为此人们把他称为"现代人事管理之父"。他还是历史上第一个创立学前教育机关（托儿所、幼儿园）的教育理论家和实践者。

"新和谐公社"的建立

"我来到这个国家是为了介绍一个崭新的社会，把愚昧而自私的社会制度改变为一种开朗的社会制度，这一种制度将逐渐把一切利益结合起来，并消除引起个人之间一切纷争的原因。我已买下了这片产业，并且亲自来到这里实行这种办法。"这是英国空想社会主义者罗伯特·欧文于1825年10月在美国所发表的演讲。这个"崭新的社会"他已于1824年开始着手创办，引起了人们莫大的兴趣。不少人议论纷纷，有人赞扬，有人反对。

那么，欧文是怎样一个人？他的"新和谐公社"又是怎么回事呢？

罗伯特·欧文，1771年出生在一个贫苦的手工业者家里，7岁开始参加劳动。9岁时就当了学徒，在伦敦的一个小店里做事，20岁起在纱厂里当职员，从小目睹了资产阶级对广大工人和劳动人民所进行的残酷剥削和压迫，并亲身经受了资本主义带来的苦难，所以他对被压迫者非常同情,他曾说,世界充满财富,但到处笼罩着贫困。因此,他总想建立一个没有剥削、没有压迫、人人劳动、财产公有的社会。

1800年,欧文与苏格兰一个工厂主的女儿结婚,并被任命为这个厂的经理,管理着2500多个工人。这样,他就有条件把自己的理想一步步予以落实。

他在自己的厂里开始了第一步实验。

首先,他把工人的劳动时间,由每天13—14小时缩减到10个半小时,禁止使用9岁以下的童工,把各种对工人实行的罚款制度一一取消。其次,他从工人福利待遇出发,尽力改善工人工作条件,如办起了工人消费合作社、工人食堂、托儿所、幼儿园;设立工人学校,让青年工人有学习文化的机会,还设立医疗费和养老金制度,对有病或年老的工人进行照顾。

这样,欧文的这个工厂实际上变成了贫困阶层的"福利工厂",得到人们很高的评价和赞扬。

欧文在管理这个工厂时,有意识地聚攒了一大笔钱,1823年他提出了建设共产主义新村的计划,试图让他的理想更大规模地变为现实。

1824年,欧文变卖了所有家产,带着四个儿子和一批朋友,还有百余名志同道合者,从英国出发,横渡大西洋,驶向美国。

欧文站在船上,思绪万千。这次他到美国,与以往历次不同,他要把他长期以来一直萦绕心头的理想社会付诸实施。他要尝试一下人类社会迄今为止的最为理想的社会,如果这个社会经过事实证明是可行的,世界将为此而改变。

"可是,如果行不通……"欧文不觉暗暗地想,"不,一定能够行得通的,这么合理的公平社会怎么会行不通呢!"他不再多想、也不愿再多想了,他横下一条心,即使倾家荡产也要去实现理想。

到了美国印第安纳州,他立刻去寻找最适合他建立新社会的地方。结果,他用20万元购买了3万英亩土地。于是,一个完全新型的"世外桃源"——"新和谐公社"就这样开始一砖一瓦兴建起来了。

欧文非常兴奋地带头劳动。他们砍伐树木,焚烧野草,开荒种地,盖房架屋,不久,一个个村落建立起来了,一个个工厂烟囱林立,机声隆隆。村外是红花绿草,交相辉映,青山绿水,蜿蜒曲折。林内街道整齐,树木成列,各种公用设施一应俱全,会议室、阅览室、学校、医院,甚至临时休息室,应有尽有。街心花园恬静幽雅,温馨和谐。一切都是那么美妙,一切都充满着诗情画意。

这与充满血腥的资本主义腐朽统治下的社会形成了鲜明强烈的对比。

欧文还带领全体公社成员共同劳动,共享劳动成果。他们规定,全体公社成员按照年龄大小从事各种有益的劳动。5岁到7岁的儿童,一律无条件入学,琅琅的读书声给全体成员一种欣慰与自豪,他们仿佛看到了"新和谐公社"未来的希望,也看到了全人类的未来。8岁到10岁的儿童,除学习外,还要参加公社各种有益活动和必要劳动,如修整花园、做家务等,从中掌握课本上学不到的知识。12岁以上的青少年,必须在学习知识的同时,还要在工厂、作坊等学习一定的手工技能,以便为将来参加工作做好准备。

20岁到25岁的青年人,是公社建设的主力,因分工不同,有的在工厂做工,有的在农田参加农业劳动,或是参加一定的脑力劳动。公社的未来发展,全靠这个年龄段的主力军。25岁到30岁的人,每天只需参加两个小时的生产劳动,其余时间则从事公社的保卫工作和参与产品的分配工作,也有一部分人从事科学研究和艺术工作等脑力劳动。

30岁到40岁的人负责管理、组织和领导各个部门的生产工作。40岁到60岁的人,则主持对外交往,接待宾客或是产品交换等。60岁以上的老人组成老人集体,负责捍卫宪法,维护宪法的尊严,监督宪法的实施落实等。

这样，"新和谐公社"所有成员各司其职，各尽所能，"和谐"相处。

"新和谐公社"的建立，引起了全世界的注意，人们从世界各地纷纷赶来。想看一看这个公社是如何"和谐"的，尤其是处于被压迫、被剥削境地的劳动者更是带着惊奇、带着羡慕、带着希望，如潮水般涌来。他们也希望在这个公社里有自己的一席之地。

甚至连当时著名的科学家如美国费城科学院院长威廉·麦克留尔、经济学家和博物学家约西亚·华伦等人也纷纷前来，热情参加和谐公社的建设。

"新和谐公社"的建立是这样的吸引人，以至于除赞成者对之大加赞扬外，连反对者也连声感叹。

但是，"新和谐公社"并不是与世隔绝的。它处在整个资本主义的重重包围之中。而且，来参加公社的人形形色色，抱有各种目的，有着各种想法，所以，社员之间不久就产生了各种矛盾，变得不像预想的那么"和谐"了。

更何况，其总设计师欧文的建设理论也有致命的弱点，按照欧文的理论，公社成员的活动目的只要满足本社成员的需要就可以了，所以导致公社产品成品缺少，生产少，消费多，产生矛盾。因成员觉悟水平不一，导致脑力劳动者日趋增多，而体力劳动者日渐减少，以至于技术工和一般工人匮乏，工厂、作坊经常停产关门，甚至连当时最先进的机器也不得不闲置起来，如公社的一家染坊能与当时美国最完善的染坊相抗衡，但都无活可干，一个纺织厂每天能生产 400 磅棉纱、一个面粉厂每天能生产 60 桶面粉，都不得不时时停工。还有一块大到 3600 英亩的麦田因缺少足够的劳动力耕种而收入微薄。在这种情况下，欧文再也没有钱来补贴公社的逐日亏损了。4 年以后，"新和谐公社"终于宣告破产了。

"新和谐公社"虽然失败了，但是，以欧文为代表的空想家们，毕竟在资本主义统治下人人平等的理想社会进行了一次有意义的尝试。这种尝试及其思想，对后来马克思主义的产生起到了重要作用。

福禄培尔

名人简介

福禄培尔（1782—1852）是德国著名学前教育家，在外国教育史上被誉为"幼儿教育之父"。福禄培尔在实施自己的教育理想时，认为学校应该建在风景优美的环境里，儿童就像植物，教师就是园丁，学校像座花园。1840 年，他把自己办的"幼童活动学校"正式命名为"幼儿园"。幼儿园成了福禄培尔的象征。我们所熟知的"幼儿园"就来自于他。

从漂泊不定到立志从教

福禄培尔 10 岁才入小学。他不善读书，总是班级中的差等生，被父母和教师认为是蠢笨的孩子。不久，他被送到舅舅家，一直生活了 5 年。在那里他获得了自由、慈爱和同情，享受到正常的学校生活，从不适应环境的状态中恢复了过来，开始像一个正常儿童那样学习，和小伙伴们相处得很好。

15 岁时，福禄培尔回到家乡，给一个林务官做学徒，打算学习一门适合于自己智力与兴趣的技能。可是，两年后他弃职回家了。

福禄培尔的一个哥哥是耶拿大学的学生。有一次哥哥需要一笔钱用，家里人派福禄培尔去送钱。来到耶拿，他发现大学对自己有很大的激励作用，于是就设法得到允许，在学校中和哥哥一起学习了 8 周。18 岁生日时，福禄培尔从母亲的遗产中得到了一大笔钱，于是回到耶拿。1800 年，福禄培尔正式成为这个大学的学生。

两年之内，他一边学习哲学、数学、物理、建筑学、测量学和化学等课程,一边受教师们的精神与热情的感染。这样的日子,不久就结束了。好心的福禄培尔把自己继承的遗产借给了一个兄弟,可这个兄弟却拒绝偿还,因而使他债务累累,被关在学校的拘留所里。最后父亲把他保释出来。

1803 年,父亲去世,福禄培尔独自一人流浪于德国各地。为了养活自己,他先后做过农民、职员、测量员、私人秘书、建筑工人等,但没有一样工作能够使他感到满意或发生兴趣,就这样过了 4 年漂泊不定的生活。

小福禄贝尔亲近大自然

有一次,他偶然访问了一所裴斯泰洛齐的学生管理的学校,被强烈地吸引住了,对儿童和教书产生了极大的兴趣。23 岁那年,由于朋友的引荐,福禄培尔担任了这所学校的教师,从此开始了他的教育生涯。他说:"从第一个小时起,这个职业对我来说就显得是不生疏的……我感到自己很久以前就已经成为一个教师了……我在从事教学工作时,发现自己很适合于做这一职业。"

第斯多惠

名人简介

弗里德里希·阿道夫·第斯多惠（1790－1886），生于德国威斯脱法利亚。

第斯多惠是德国杰出的资产阶级民主主义教育家，19世纪中叶进步的教育活动家，被誉为"德国教师的教师"。第斯多惠对教育与教学的见解，无疑是发人深思的，对教育科学的研究和发展起了积极的影响。即使今天看来，也还有一定的现实意义。第斯多惠提出的"发展性教学"的教育理论，对批判教学理论上的教条主义起了巨大的作用，也对后世教学理论的发展，产生了深远的影响。

饱学之士

第斯多惠出生于一个法官之家。他的父亲精通法学，处事严谨，他的母亲也受过较高的教育。因此，第斯多惠从小在父母的严格教养下，养成了良好的学习习惯。

1808年，第斯多惠以优异的成绩中学毕业，并考入黑博恩大学，专攻历史、数学和哲学。但他对这所学校的课程设置深为不满，于1809年转入蒂宾根大学。

在蒂宾根大学，第斯多惠广泛阅读先哲的著作，潜心探讨教育理论。

他深为卢梭和裴斯泰洛齐的教育思想所鼓舞，认为两位大教育家喊出了改革教育的最强音。从此，他立志从教，要干一番改革旧教育制度的宏伟事业。

第斯多惠为实现自己的远大理想，发愤学习，为做个合格的教师打下良好基础。经过努力，他熟悉历史、地理，精通哲学、法律。

第斯多惠在图书馆看书

斯宾塞

名人简介

赫伯特·斯宾塞(1820—1903),生于英国德比那。

斯宾塞是 19 世纪英国最重要的思想家、社会学家和教育家之一。斯宾塞的教育方法,被称为过去一百年对欧美父母和老师影响最大,同时也是各个领域培育出最多的优秀人才的教育方法。美国著名哲学家、教育学家杜威称他为人类历史上的第二个牛顿。他的半自传手札记的《斯宾塞快乐教育》在 20 世纪初出版后,美国教育界很快成立委员会,根据斯宾塞的思想,全面改革大、中、小学课程,从而奠定了美国近一百多年来的人才优势。

教育应从幼儿抓起

斯宾塞的教育理论,是从他作为一个父亲教育自己的孩子开始的。当小斯宾塞到了上学年龄的时候,无论做什么都显得很散漫,所以斯宾塞决定培养他作为一个好孩子应有的习惯。

首先,好习惯的培养从整理自己的衣物开始。于是,斯宾塞家开始了一个比赛,看谁把自己的衣服洗得干净,收拾得有秩序。

刚开始的一两天,小斯宾塞很有兴趣,但是过了几天他就不愿去做了。于是,斯宾塞又在家里挂了一个小黑板,每天把家庭中的每个成员做得好的和不好的人名都写上,这下子,小斯宾塞又来劲了。三个月下来,小斯宾塞对衣物的干净和整洁,已经由兴趣变成了习惯。一个生活习惯良好的孩子,身心也在培养的过程中得到修炼。

另外,在小斯宾塞很小的时候,斯宾塞就开始培养他自我学习和专注的能力,启发他了解专注的含义,再通过有趣的事培养他专注的习惯和体会专注的快乐。他常问小斯宾塞,为什么燕子在春天飞来,深秋的时候又飞走?为什么太阳白天升起,黄昏又落下?

观察蚂蚁是小斯宾塞最喜欢的事。斯宾塞提议把蚂蚁王国的情况彻底弄清楚,其他事则一件也不做,即使其他小朋友来约,也不

斯宾塞和儿子观察建筑

去。斯宾塞准备了十张小卡片,记下了关于蚂蚁的一些问题。他们花了几天时间,终于弄清楚了蚂蚁的生活规律。

斯宾塞就这样让小斯宾塞练习一段时间只做一件事:一本书没看完,不去看第二本;做一件事时,不去想另一件事。

斯宾塞认为:对于孩子的道德、意志、品行方面的教育,和开启他们的智力同样的重要。一个缺乏道德和伦理教育的孩子,如果他的智力发展愈高,那么,对社会的危险就愈大。

马卡连柯

名人简介

马卡连柯（1858－1939），苏联教育家，作家。1905 年从小学师资训练班毕业后开始教育生涯。1905 年起担任小学教师和校长，在 15 年的教育实践中，积累了丰富的经验，奠定了他的教育思想的基础。1920 年后先后主持高尔基工学团和捷尔任斯基儿童劳动公社，从事对流浪儿童和少年违法者的教育改造工作。提出了通过集体和生产劳动来教育儿童以及在集体中进行教育的原则和方法，丰富了他的教育学理论。1935 年，马卡连柯任乌克兰苏维埃社会主义共和国内务人民委员部工学团管理局副局长，同时从事写作、理论著述和学术讲演活动。

替大家着想

工学团创办初期，粮食特别紧缺。马卡连柯虽多次向有关部门求援，但每次得到的却只有一点——无法解决师生的温饱问题。而人生的第一需要就是温饱，这导致了对学员们道德改造工作的复杂和困难。有的学员开始去偷，并屡禁不止，学员塔拉涅茨和几个学童想出一个办法，他们自己找来几张渔网，在附近河里去捕鱼，仅供他们小圈子里的人享用,以满足食欲。一段时间过后,塔拉涅茨大胆决定把马卡连柯也吸收到这个小圈子里来。

有一天,他端了一盆炸鱼送到马卡连柯的房间里来。"这鱼是送给您吃的。""哦,是送给我的?不过我不能收。""为什么?""因为这样做不对,应该把鱼分给全体同学吃。""这是为什么呢?"塔拉涅茨气得涨红了脸。"这网是我弄来的,鱼是我捉来的,我在河里弄得浑身是水,可是鱼却要分给大家?"

学员给马卡连柯送来一盘鱼

"那么把你的鱼拿去吧,我什么也没有做,也没有弄得浑身是水。""这是我们送给您的……""不,我不能收,我不喜欢这一套。而且这样不对。""有什么地方不对?""因为渔网不是你买来的。网是公家送的吧?""是送的。""是送给谁的?是送给你的,还是送给整个教养院的?""为什么是送给'整个教养院'的,是送给我的……""我还以为也是送给我,也是送大家的呢。你炸鱼用的锅是谁的？是你的吗？是大家的。你跟女厨子要来的葵花子油是谁的？是大家的。还有烧的柴，还有炉灶和木桶呢？你还有什么好说的？只要我没收了你的渔网，事情就完了。最主要的是你这样不是对待同志的态度。你的网？那有什么了不起，你应该替大家着想。捕鱼是大家都会的。"

"好吧，"塔拉涅茨说，"就照您说的办。不过鱼还是请您收下吧。"

马卡连柯还是收下了孩子们送来的鱼。从此，捕鱼工作就由大家轮流担任，收获都送到厨房里。

寓教于乐

在高尔基工学团最初的几年中，生涯是艰难的，工作义务又重，学校生活显得有点枯燥了。马卡连柯想出了巧妙的方法，让学生晚上都聚集在宿舍里，师生玩起了一种叫做"官打捉贼"的游戏。

这种游戏的玩法是：参加游戏的人，每人分到一张字条，上面写着："贼"、"告发人"、"检察员"、"法官"、"刑官"等等。"告发人"先发布他荣幸地做了"告发人"，而后手里拿起一根绳鞭尽力猜想谁是贼。大家都向他伸出手来，在这些手里面，他必定要用鞭子打中"贼"的手。通常，他总是误打了"法官"或是"检察员"，这些被他委屈的正派的"国民"，便依照处分诬陷的划定，反打"告发人"的手心。如果下次"告发人"终于猜中了谁是"贼"，他的苦楚就能够终止，那个"贼"的疼痛却要开端了。这时候由"法官"判决，重打五下，重打十下，轻打五下。"刑官"手持绳鞭就来施刑了。

由于加入游戏者的身份始终在转变，上次做"贼"的人下次会变成"法官"或是"刑官"，所以全部游戏的重要趣味就在于轮流的刻苦和报复。凶恶的"法官"或是残暴的"刑官"假如做了"举报人"跟"贼",就要受到当初"法官"和现任"刑官"的残暴报复,让他想起他以前给人家的种种裁决和处分。

平时严正的马卡连柯,与孩子们玩起这个游戏,表演着孩子们错误的角色,孩子们体会出了他的可恶。因而大家遇见同其余老师玩时,总有拘束之感,"刑官"施刑时,总带有平和立场。而同马卡连柯玩的时候,却自由自在,当他做了"贼"时,往往判重打,仿佛要以此来体验他的忍耐力。这时,马卡连柯除了硬着头皮充英雄之外,没有别的措施。而当马卡连柯做"法官"的时候,总要弄得受刑的人失去自尊地大叫起来:

"马卡连柯,这样可不行啊!"

然而反过来,马卡连柯也是大吃苦头,往往他回家的时候左手老是肿着,如果换手则会被以为是不体面的,而且右手他还要留着去写字。

这种游戏,不仅使学生得到了乐趣,融洽了师生关系,而且培养了学生坚忍勇敢、不怕危险的性情。对这些特别学生而言,无疑还起到了强化法制观点的作用——"贼"是受人鄙弃的,将受到严格处罚。

皮亚杰

名人简介

让·皮亚杰(1896—1980),瑞士人,是近代最有名的儿童心理学家。他的认知发展理论成为了这个学科的典范。皮亚杰早年接受生物学的训练,但他在大学读书时就对心理学产生兴趣,曾涉猎心理学早期发展的各个学派,如病理心理学、弗洛伊德和荣格的精神分析学说。从 1929 年到 1975 年,皮亚杰在日内瓦大学担任心理学教授。皮亚杰对心理学最重要的贡献,是他把弗洛伊德的那种随意、缺乏系统性的临床观察,变得更为科学化和系统化,使日后临床心理学有长足的发展。

自然博物馆的"小仆人"

皮亚杰很小的时候,就十分喜欢生物。

有一次,他给自然博物馆馆长亲自写了一封信,令人意想不到的是,不久他就收到了回信:"好吧,欢迎你来这里充当自然博物馆的仆人!"

自然博物馆的馆长是位学识渊博的软体动物学专家。他让"小仆人"每星期六晚上博物馆闭馆以后来当差,给陈列着贝壳的标本贴上标签。他对皮亚杰说:"别嫌麻烦,我的小仆人!为了获得知识,传说中的浮士德不惜向魔鬼出卖自己的灵魂,而你,为了知识,也该出卖一下体力,越是努力干,你越能获得足够的知识!"

皮亚杰在博物馆贴了整整四年的标签,在此期间,他从不计较馆长给他的报酬。也就是从馆长那里,皮亚杰认识了多种软体动物,学会了分类学知识。四年的劳动不仅使皮亚杰接受了生物学系统知识的严格训练,也使他个人搜集的塘螺壳标本达130种之多。

皮亚杰给贝壳标本贴标鉴

苏霍姆林斯基

名人简介

瓦·阿·苏霍姆林斯基(1918—1970)，苏联著名教育实践家和教育理论家。他从 17 岁即开始投身教育工作，直到逝世，在国内外享有盛誉。苏霍姆林斯基出生于乌克兰共和国一个农民家庭。1936 至 1939 年就读于波尔塔瓦师范学院函授部，毕业后取得中学教师证书。1948 年起至 1970 去世，担任他家乡所在地的一所农村完全中学——巴甫雷什中学的校长。自 1957 年起，一直是俄罗斯联邦教育科学院通讯院士。1968 年起任苏联教育科学院通讯院士。1969 年获"乌克兰社会主义加盟共和国功勋教师"称号，并获两枚列宁勋章、1 枚红星勋章、多枚乌申斯基和马卡连柯奖章等。

启蒙老师播下爱的种子

在山花烂漫、万物生机盎然的季节，有一天下午，他的启蒙老师安娜·萨莫伊洛英娜带学生们来到了森林。这里对苏霍姆林斯基来说是再熟悉不过的地方了，他平时就到这里来玩。但女教师的解说，让他接触了许多过去没有注意到的新事物和很多使他感到惊奇的东西：看这棵盛开的椴树在帮助蜜蜂酿蜜；瞧那个蚁穴，过去苏霍姆林斯基出自恶作剧曾用棍子去捅它，而现在老师说这个蚁穴有回廊和广场，有幼儿园和粮仓……原来是一个童话般的城市。他真正地感到不和老师一起来,就不会发现世界上这么多美好的东西。当孩子们领略了这大自然美好的风光,急匆匆准备回家的时候,她还有一新招:"孩子们,为爷爷、奶奶、爸爸、妈妈采集些鲜花吧。当孩子们关心长辈的时候,长辈会感到高兴,而鲜花——这是关心和敬爱的标志。……"苏霍姆林斯基接受的就是这样的教育。

这使幼小的苏霍姆林斯基不仅爱上了书本,爱上了同伴,爱上了大自然,而且他更尊敬这位老师。他向往着自己的知识能同老师一样渊博,向往能像老师一样具有爱心。从这时起,苏霍姆林斯基逐步树立了从事教师这一神圣职业的志向。因此在七年制学校毕业时,他毅然决定报考师范院校,后来一步一个脚印,从一个普通的教师成长为一名伟大的教育家。

第一次铭心刻骨的失误

苏霍姆林斯基在他的教育实践中也曾有过这样的失误:

那时,他刚参加工作。一个名叫斯捷帕的男孩,由于过分活泼、顽皮,在一次玩耍中无意把教室里放着的一盆全班十分珍爱的玫瑰花给碰断了。对此,苏霍姆林斯基大声斥责了这个学生,并竭力使这个闯祸的孩子触及灵魂,吸取教训。事后班上孩子们又拿来了三盆这样的花,苏霍姆林斯基让孩子们用心轮流看护,唯独斯捷帕没有获准参加这项集体活动。不久这个学生变得话少了,也不那么淘气了。年轻的苏霍姆林斯基当时想,这倒也好,说明自己的申斥对这个学生起了作用。

可是不愉快的事件在他斥责这位学生的几周之后的一天发生了。这天放学后,苏霍姆林斯基因事未了,还留在教室里,斯捷帕也在这里,他准备把作业做完回家。当发现教室里只有老师和他俩人时,斯捷帕便觉得很窘,急忙准备回家。苏霍姆林斯基没有注意到这种情况,无意中叫斯捷帕跟自己一起到草地上去采花。这时斯捷帕表情迅速变化,先苦笑了一下,接着眼泪直滚了下来,随后在苏霍姆林斯基面前跑着回家了……

这件事对苏霍姆林斯基触动很大。此时,他才明白了,这孩子对于责罚,心里是多么难受。他开始意识到自己以前的做法,是不自觉地对孩子的一种疏远,使孩子感到了委屈。因为孩子弄断花枝是无意的,而且对自己的行为感到后悔,愿意做些好事来补偿自己的过失,而自己却粗暴地拒绝了他这种意愿。对这种真诚的、儿童般的懊悔,报之于发泄怒气的教育,这无疑是对孩子的当头一棒。

此后,苏霍姆林斯基吸取了这一教训,在以后的工作中很少使用责罚。通常,他对由于无知而做出不良行为后果的儿童,采取宽恕态度。他认为,宽恕能触及学生自尊心最敏感的角落。

挽救“困难生”

在苏霍姆林斯基领导的巴甫雷什中学里,形成了这样一个观念:就是相信一切孩子都能被教育好。这里没有“差生”的概念,只存在“困难学生”或“难教育学生”的说法。在教育实践中,对这类学生一般不单纯由某个教师去进行教育,对他们进行教育往往是整个集体的义务。苏霍姆林斯基一生中就教育过178名“难教育的学生”,这178名学生都有一个艰难的教育过程。每周苏霍姆林斯基都要走访困难孩子的家庭,以便深入了解形成他们道德的最初环境,他跟家长们、家长的邻居们,教过这些孩子的老师们进行交谈。

这一天,他来到了小学生高里亚的“家庭。”这个“家”给他留下了这样一个印象:高里亚是个非常不幸的孩子,他从小失去了父亲,母亲在他刚满周岁时，又犯了严重的罪行，被判处十年徒刑。高里亚从小住在姨母家，姨母把他看成额外的负担。高里亚成了一个典型的"难教育学生，"这就是他的家庭背景。

原来，高里亚从上学一个月后，大家就对他产生了一个鲜明的形象：这是一个懒惰成性、常会骗人的学生。在短短的一段时间里，他就表现出了"难教育"的特点。秋天，当高年级学生植树时，他有意破坏了几株树苗的根部，并向全班同学夸耀自己的"英雄行为"。有一次课间，他把手伸进别人的书包，拿出课本，用墨水把它弄脏，再放回原处，并以天真无辜、泰然自若的态度来欺骗教师审视的眼光。还有一天，他们班去森林远足考察，他一路上撞这打那。当时班主任是一位女教师，故意不理睬他，向其他学生讲解山谷、丘陵、山和冲沟的有关知识时，他走到全体学生面前，做出滑稽动作，还登上峭壁往下看。老师旁敲侧击地提醒："同学们，不能走近冲沟边缘，跌下去很危险！"他突然高声喊道："我不怕！这个冲沟我滚下去过！"说着就卷起身子滚了下去⋯⋯

苏霍姆林斯基根据家访的情况，找来班主任等有关教师共同分析高里亚上述行为产生的原因。他提出了自己的看法：高里亚对自己的行为所抱的态度，是故意装出来的、不自然的。家庭环境的影响，使高里亚对人们失去了信心。对他来说，生活中没有任何神圣的、亲切的东西。苏霍姆林斯基的看法对教师们思想触动很大。大家一致认为，高里亚所以不好，是因为过去只看到他恶劣、放荡的一面，而没有主动关心、挖掘他身上闪光的地方。这个学生表现出来的缺点，是在向周围的人对他漠不关心、冷淡无情的态度表示抗议。这样的分析增强了教师们的同情心、关注之情、教育的敏锐性和观察力。

一次，苏霍姆林斯基发现这个孩子单独玩耍，好像很随便的样子，他把高里亚请进了生物实验室，要高里亚帮忙挑选苹果树和梨树的优良种子。虽然高里亚装出不屑栽培树苗的样子,可是孩子的好奇心还是占了上风,他们两人一起做了两个多种头,直到很累为止。这件事引起了高里亚的极大兴趣,当班主任再次去高里亚家时,已发现他正在施肥栽树。此后班主任老师因势利导,在班级栽树活动中,让高里亚指导别的孩子们。及时的发现和鼓励温暖着这个孩子的心灵。虽然后来高里亚曾多次反复出现不良倾向,老师们却着眼于长善救失,循循善诱。"功夫不负有心人",在这个教师集体的共同教育下,这个孩子在三年级时,光荣地加入了少先队,以后还经常帮助有困难的其他同伴,为集体默默地做好事。从此,高里亚好像变成了另一个人。

从这里可以看到苏霍姆林斯基的一个教育信念:热爱孩子、关心尊重孩子,相信一切孩子在教育中能够向好的方面转变。

永不凋零的玫瑰

许多年前,苏联著名的教育家苏霍姆林斯基,曾任乌克兰巴甫雷什乡村中学的校长。校园的花房里,开了一朵硕大的玫瑰花。全校师生都非常惊喜,每天都有许多学生去观看、赞美。

一天早晨,苏霍姆林斯基在校园里散步。他看到幼儿园的一个 4 岁女孩,在花房里摘下了那朵玫瑰花,抓在手中,从容往外走。

苏霍姆林斯基很想知道,这个小女孩为什么摘花? 他走到小女孩跟前,弯下腰,亲切地问:"小同学,你摘这朵花是送给谁的? 能告诉我吗?"

小女孩害羞地说:"奶奶病得很重,我告诉她,学校里有这样一朵大玫瑰花,奶奶有点不相信。我现在把这朵花摘下来送给她,看过我就把花送回来。"

听了孩子天真的回答,苏霍姆林斯基的心颤动了。他揽着小女孩,在花房里又摘下了两朵大玫瑰花,对小女孩说:"这一朵是奖给你的,你是一个懂得爱的孩子。这一朵是送给妈妈的,感谢她养育了你这样好的孩子。"

苏霍姆林斯基在一件不起眼的平凡小事中,敏锐地捕捉了人类最温馨最美好的东西——那就是人的善良和爱心,对人的同情和慈悲与怜悯。他被小女孩的爱心深深感动,把玫瑰花奖给了可爱的小女孩,也把真切的爱献给了小女孩和她的奶奶、妈妈,把珍贵的关怀、欣赏、赞美献给了小女孩。他是真正懂得爱的老师、校长和教育家。

苏霍姆林斯基要求教育者:"低头抚爱身边的孩子,抬头望着祖国的未来。"他说:"对人由衷的关怀,是教育才能的血肉。"赏识学生,鼓励成功,关怀成长,是教师重要的教育思想,教育成功的秘诀,教育艺术的真谛。教师每一个赏识的目光,每一句鼓励的语言,每一点关怀的温暖,每一个懂得爱的心意,都是师生情感的催化剂,教育成功的加油站,幸福快乐的大门,将激起学生学习的内驱力,唤醒学生学习的热情。

送人玫瑰,手有余香。生活不是缺乏美,而是缺乏发现美的眼睛;生活不是缺乏爱,而是缺乏懂得爱的心灵。这颗心,就是信心、耐心与恒心。因信心而成义,因无信心而粗心失败。耐心,是一种"丰富的安静",耐得住寂寞,拒绝浮躁。一个个生动教育事件,都是信心、耐心、恒心铸就的。用信心去发现,用耐心去了解,用恒心去懂得。

"不要死背"

苏霍姆林斯基担任校长之后,曾多次提出"要思考,不要死背"的口号,然而人们却很少知道,触发他产生这一思想的契机,却是一次在听小学低年级语文教师讲课的课堂上。

一天上午,苏霍姆林斯基同往常一样,去听一位小学低年级语文教师的课。课堂上的最初几分钟,学生们正紧张地思索着老师提出的一个个问题。这位青年教师开始叫学生回答问题,苏霍姆林斯基认真地记录下了学生的回答,可是学生们的回答,并不能让他感到满意。他发现学生使用的许多词和词组在他们的意识里,并没有很鲜明的表象,跟周围世界的事物和现象联系不起来。学生们仅仅是重复别人的思想,让人听到的仅仅是一些被学生硬挤出来的、笨拙的、背诵下来的句子和词组。它们的意思是什么,似乎学生并没有搞清楚,苏霍姆林斯基想:"为什么学生的回答总是那样贫乏、苍白无力、毫无表情呢?为什么在这些回答里常常缺乏儿童自己的活生生的思想呢?"

这时课正在进行中,只听见教师提示学生:"课后要复习,词意、句式一定要记住,下节课提问……"听到这里,苏霍姆林斯基皱起了眉头,思维再也集中不到听课上了。

这时一年级学生娜塔莎的一篇作文,在他头脑中再次清晰地映现出来:"这是夏天的事儿,刮了一阵大风,大风把一粒长着毛茸茸翅膀的种子带到了草原上,种子落到了草原上的青草丛里,青草惊奇地问:'这是谁呀?'种子说:'这是老师带领翅膀的花儿。我准备在这儿,在草丛里生长。'青草高兴地欢迎新来的邻居。冬去春来,草儿发青了。在种子原来落下的地方,露出了一根粗壮的茎,在它的顶上,开出一朵朵黄色的花儿,它是那么鲜艳,就像一个小小的'太阳'。'啊!这原来是蒲公英呀!'青草说。"这是老师带领学生观察了花的形状、颜色,花与花不同的特点,引导学生把阳光、花瓣、蜜蜂、树枝、蝴蝶等这些事物之间相互联系起来看,然后让学生充分想象,自编出各种有关的故事。学生能写出这样的作文,说明词已进入了学生的精神生活。会思考已成为这类孩子的显著特点。对于学习效果差的学生,总听到一些教师议论是"愚笨"、学习不努力,现在看来,不能不说教师惯用的传统教学思想造成了孩子智能的局限,从而导致学生不会学习——不会观察、思考、推论,只好依靠死记硬背。现代学校的整个教学体系需要加以科学的改进,应当建立在三根支柱上:鲜明的思想、活生生的语言和儿童的创造。看来教师在课堂上不仅要教给学生一定范围的知识,还要加强学生的思维训练……

"当!当!当!……"下课的铃声打断了苏霍姆林斯基的思考,可是现在他已想好了下次校务会议上的一个议题,这就是"如何让学生学会思考"。他将要向全校师生提出"要思考,不要死背"这个口号。

循循善诱

苏霍姆林斯基对小学生的教育,方法上灵活多样。他把运用民间童话故事作为自己在学校教育的方法之一,并且收到了良好的效果。下面是从他运用这一方法的众多教育实例中撷取的一个片段。

那是暑假后的一天,苏霍姆林斯基所带的三年级甲班准备去野营训练。考虑到所带东西较多,其中一个学生建议,两个人结成一对,有的东西可以合用,这样可以减轻旅途负担。建议受到班主任苏霍姆林斯基的赞扬,孩子们开始自由组合,呈现一片欢乐的场面。大家都有了对子,唯独平时自以为是而妄自尊大的学生安德烈卡没有对子,他在一边哭泣着。苏霍姆林斯基把安德烈卡叫到一边,问明情况,知道是同学都不愿和他组合成对。这孩子委屈地认为,是同伴们嫉妒他。苏霍姆林斯基深知这个学生的天性,认为这是一个很好的教育时机,便直截了当地对安德烈卡说:"你要明白,安德烈卡,最困难的就是迫使自己去感觉。你迫使自己去感觉,那么你就会以另一种目光看你的同学。如果你老是认为,你是最聪明的人、最有才能的人、最好的人,那么到头来你就会成为一个最孤立的人……"

"但是,实际上我就是在解题上比谁都强,并比谁都快地背会诗歌……多少次您自己都说:'好样的,安德烈卡,安德烈卡学习了,现在就懂了……'我比谁都懂得多,这难道是我的错?"孩子哭得更伤心了。

苏霍姆林斯基还能用什么语言再去解释呢?说教显然对这个孩子没有多大效果。他思索着如何对这位男孩子进行解释,才能让他懂得、认识并相信……

"安德烈卡,咱们找个阴凉的地方坐下,我给你讲一个故事,这个故事与我们这件事十分相似,愿意听吗?"安德烈卡点点头。他们来到大橡树的树荫下,坐在一条长凳上,苏霍姆林斯基讲了一个"菊花和葱头"的故事。

"在一个农村老大娘的住处旁,长着一株菊花。菊花老是沾沾自喜:'你们瞧,我多美啊!在这地方我是最美的。'在菊花旁边长着一棵葱头,一棵普普通通的葱头。

夏末,葱头熟了。绿色的茎叶蔫了,葱头散发出辛辣的气味。菊花扇动鼻子。'呸,你发出一股多难闻的味道呀!'它对邻居说道。'我真感到奇怪,人们干吗要种这种植物呢?想必是为了薰跳蚤……'葱头没有作声,它把自己视为灰姑娘。这时,大娘从屋子里走出来朝菊花走去。菊花屏住了呼吸。她想:大娘马上就会说,她的花多美啊。菊花由于心满意足,已经感到有点飘飘然了。大娘走近菊花却弯腰拔起了葱头。大娘端详着葱头,惊呼了一声:'多好看的葱头啊!'菊花感到困惑了:难道葱头会被认为是好看的吗?"

听完了这个故事,安德烈卡眼泪已经干了,从这个故事中他悟出了一条道理:人各有所长,各有所用,不能自作聪明,看不起周围的人。他羞愧地低下了头,一言不发。苏霍姆林斯基采用这种讲童话故事的方法,使小学生易于接受,并从类比中受到了应有的教育。这无疑是一个伟大的创造。

"特殊奖励"

苏霍姆林斯基在对学生的教育过程中,善于因势利导,进行积极的鼓励,激发学生心灵的火花。人们把这称为"特殊奖励"。

一次,苏霍姆林斯基把 12 岁的儿子谢廖扎叫到眼前,给了儿子一把新铁锹,并对他说:"儿子,你到地里去,量出一块长宽各一百个脚掌的地块,把它刨好。"儿子很高兴地拿了铁锹,来到地里就刨了起来。在没有用惯铁锹之前,谢廖扎感到很费力。随后干得越来越轻松了。可是待到他用铁锹准备翻出最后一锹泥土时,铁锹把折断了。谢廖扎回到家里,心里感到忐忑不安:父亲一旦知道铁锹坏了,会怎么说我呢?"爸爸,您可别怪罪我,"儿子说,"我让家里失掉了东西。""什么东西?"父亲问。"铁锹坏了。"这时,苏霍姆林斯基并没有责怪孩子,而是问:"你学会刨地了没有? 刨到最后,是觉得越来越费劲,还是感到越来越轻松了呢?"孩子回答:"刨到最后,越来越轻松了。"这时苏霍姆林斯基说:"看来你不是失,而是得。"孩子疑惑不解。他继续说:"愿意劳动了,这就是最宝贵的收获。"这时孩子一颗忐忑不安的心顿时平静下来了。这不仅是精神上得到了一种愉悦,而且孩子从中看到了劳动的价值,树立起了良好的劳动观点。

还有一次,一年级女学生季娜的祖母病得很重。季娜想给祖母采一朵鲜花,使她在病中得到一些欢乐。但是,时值严冬,到哪里去找鲜花呢? 这时她想到学校的暖房里有许多菊花,其中最美的一棵是全校师生都极为喜爱的那朵蓝色的"快乐之花"。季娜一心想着重病的祖母,忘记了学校的规定,一清早就走进暖房,采下了那朵"快乐之花。"这时,苏霍姆林斯基走进了暖房,当他看到季娜手里的菊花时,大为吃惊。但是,他很快注意到了孩子眼里那种无邪的、恳求的目光。他向季娜问明了情况后,非常感动地说:"季娜,你再采三朵花,一朵给你,为你有一颗善良的心;另外两朵送给你的父母,为他们教育出了一个善良的人。"